結果に差がつく
相続力

相続税を減らすコンサルタント活用術

株式会社夢相続代表取締役
曽根 惠子
Keiko Sone

税理士法人アレース代表社員
保手浜 洋介
Yosuke Hotehama

Inheritance Professionals

SOGO HOREI PUBLISHING CO., LTD

資産家には
「コンサルタント」が必要

◇相続対策は意外とできていない！

　私は1992年から相続コーディネート業務に取り組んでおり、今までに1万4400件以上のご相談に対応してきました。ご相談の時には相続人と財産の内容を確認させて頂きますので、相続に関しての状況を拝見してきました。

　多くの財産をお持ちの方であり、相続対策に取り組まないといけない状況です。賃貸物件を所有されていたり、会社を運営されていたりして、毎年の確定申告を税理士に依頼しておられます。それなのに「相続対策」となると、まったく取り組んでいなかったり、全体のバランスを欠いていたり、提案を受けたこともないということさえあります。「相続対策」は意外とできていない、というのが全体の印象です。

◇相続対策は「感情面」「経済面」のバランスが必要

　相続はお一人おひとりの財産もご家族も考えも違うため、すべてオーダーメードで考えることになります。ご家族でコミュニーションを取りながらオープンにして頂き、生前対策に取り組まれることをお勧めいたします。何事も自分たちで選択、決断しないといけないところですが、財産があるほど選択肢も増え、課題も出てくるため、至難の業となります。また、相続に関わる方々には共通した思いがあります。「家族で争いたくない」という「感情面」のことと、「相続税はなるべく少なくしたい」という「経済面」のことです。この両方を考えてこそ、バランスの取れた相続対策だと言えます。

◇だからこそ、コンサルタントが必要

　しかし、このバランスを取ること、考えることは本当に至難の業だと言えます。円満な家族といえども、簡単ではありません。だからこそ、相続に慣れたコンサルタントが必要になるのです。相続実務に30年以上にわたり携わってきた立場から、「相続コンサルタント」の必要性や実例を紹介することでイメージをお伝えするために本書をまとめました。

　相続税を節税するためには、土地評価や相続実務に強い税理士法人との協業が不可欠です。さらには相続だけでなく、所得税、法人税の節税ノウハウも兼ね合わせた「資産税コンサルタント」がいれば、最強のタッグになるということです。

◇コンサルタントのノウハウを紹介

　相続対策は専門家選びが重要になります。よりよい相続のあり方を創り出すために、分割案や節税案などはノウハウを持つ専門家の知恵をプラスすることが理想でしょう。そのためのヒントになれば幸いです。

　本書は「資産税コンサルタント」の保手浜洋介税理士がCHAPTER 5, 6, 7を執筆し、それ以外の部分については「相続コンサルタント」の私が執筆し、共著としています。保手浜税理士が運営する税理士法人アレースと私が運営する夢相続は業務提携をしており、日々、お客様に貢献するよう協働して、成果を出すことを目指しています。

　本書をお読み頂き、みなさまのお役に立つことができればと祈念いたします。さらにはご提案、サポートすることができれば幸いです。

　　　2019年2月　　（株）夢相続　代表取締役　相続実務士　曽根惠子

CONTENTS
結果に差がつく相続力
相続税を減らすコンサルタント活用術

PROLOGUE　資産家には「コンサルタント」が必要・・・・・・・・・ 003

CHAPTER 1
資産家の苦悩が増している！

持っているだけでは財産は増えない時代になった・・・・・・・・ 010
お金を残しても節税できない……　現金の活用も考える・・・・・・ 012
眠らせても休眠預金で消滅してしまうことも・・・・・・・・・ 013
まだまだ、増税？　資産家には税金ばかり・・・・・・・・・・ 014
相続対策の専門家は少ない、相談先が見つからない・・・・・・ 015
日本人はリタイアしてからも苦労する！　一代で財を残したAさん・ 017
代々の土地持ち資産家も楽ではない！　先祖の土地を相続したHさん 019

CHAPTER 2
強みはココ！「相続コンサルタント」だからできること

「相続コンサルタント」6つのポイント・・・・・・・・・・・・ 022
「相続相談」は3人体制で解決、アドバイス・・・・・・・・・・ 029
相続のストーリーを描いて「オーダーメード相続」を提案、サポートする 032
生前も相続後もオーダーメードでプランニング・・・・・・・・ 034
「感情面」の配慮　家族がもめないようにサポートをする専門家・・・ 040

「経済面」のこだわり　節税効果は数字で見える化・・・・・・・・・・・043

CHAPTER 3
節税を導く仕組みを「見える化」する

生前の節税対策「財産を減らす」＋「評価を下げる」・・・・・・・046
相続後の節税対策「評価を下げる」＋「納税を減らす」・・・・・・048
評価の仕方には違いがある「現金」vs「不動産」・・・・・・・・・050
相続税の出し方を知っておこう・・・・・・・・・・・・・・・・・054
相続税の節税イメージはこうなる・・・・・・・・・・・・・・・・056
不動産対策が効果的・・・・・・・・・・・・・・・・・・・・・・058

CHAPTER 4
相続税を節税した資産家の実例から学ぶ

実例①【財産14億円超】
5つの対策で節税の成果をあげた佐藤さん・・・・・・・・・・・066
実例②【財産15億円超】
現金を活用して節税対策の成果をあげる鈴木さん・・・・・・・・072
実例③【財産16億円超】
土地を活かしながら節税対策の成果をあげる高橋さん・・・・・・078
実例④【財産17億円超】
積極的な資産組替で収益を増やす田中さん・・・・・・・・・・・084
実例⑤【財産24億円超】
土地を残しながら節税対策の成果をあげる伊藤さん・・・・・・・090

CHAPTER 5
相続税・法人税・所得税を減らす「資産税相続コンサルタント」の強み

日本の相続税の仕組み・・・・・・・・・・・・・・・・・・・・・・・ 098
相続税のセカンドオピニオン ・・・・・・・・・・・・・・・・・・ 109

CHAPTER 6
相続税・法人税・所得税を節税した資産家の事例から学ぶ

税体系を知った人による節税指導・・・・・・・・・・・・・・・ 126
もともとダメな対策を取った失敗例・・・・・・・・・・・・・・ 127
対策を取った時は効果があったが、その後効果が出なくなった失敗例 133
他の税金や費用が増えて、思ったように効果が出なかった失敗例 ・・ 137
投資額を回収して初めて節税効果、無駄遣いは財産を減らすだけ！ 141

CHAPTER 7
知っておきたい！相続の基礎知識と民法改正2018年

相続の基礎知識①〈民法改正を知る〉・・・・・・・・・・・・・ 148
相続の基礎知識②〈贈与の方法と違いを知る〉 ・・・・・・・・ 151
相続の基礎知識③〈相続税の計算と相続税額の出し方を知る〉・・・ 158
相続の基礎知識④〈相続財産の評価の仕方を知る〉・・・・・・・ 164

EPILOGUE　結果に差がつく『相続力』・・・・・・・・・・ 172

CHAPTER 1

資産家の苦悩が増している！

持っているだけでは財産は増えない時代になった

土地持ち資産家はずっと資産家ではない？

　かつては、土地は「持っているだけで値上がりする財産」という時代があり、土地神話が存在していました。多くの土地を所有することが資産家の証となっていました。だからこそ、代々の土地持ちの資産家はずっと資産家だと思われてきたのです。

　ところが、経済状況が大きく変わった今では、その土地からの収益がなければ、持っているだけでは固定資産税や維持費がかかり持ち出しとなります。もはや、財産とは言えない状態で、負担となりかねません。維持費が賄えなくなったり、相続税が課税されたりするタイミングで、手放すしかないことも想定されます。土地持ちの資産家がずっと資産家ではない、という時代になったというのが現実でしょう。

土地を持っているだけでは価値ある財産とは言えない

　相続税がかかるたいていの人は、「不動産」、中でも「土地」を所有されています。かつては、土地さえ持っていればどんどんと値上がりをして、財産が増える時代がありました。しかし、そうした土地神話はご存じの通り崩壊し、過去の話となってしまったのです。

　そうした現実があるにもかかわらず、多くの土地持ちの資産家はずっと土地を持ち続けておられます。自分がそうしてきたように、代々の土地を次世代へ引き継がせることが役割だと言われます。

　しかし世の中の状況が一変し、土地を持っているだけでは価値のある財産とは言えなくなった時代。そのまま次世代へ引き継がせたとしても有難くないという声もあるほどです。余力があるうちに、発想の転換をしていかないと財産は守れないのです。

ずっと更地で40年、土地はあるがお金が残らない

　相談に来られたTさん（50代女性）は、母親（80代）の相続についてが心配事でした。父親は早くに亡くなり、母親が働きながら3人の子供を育ててこられました。しかし、既に子供たちは独立して、母親はひとり暮らしです。

　母親は自宅敷地内に8世帯のアパートを建てており、家賃収入が入ります。その他に250坪の空き地を所有しておられます。その土地は更地のままで購入してから40年間、アパートやマンションを建てることもなく、駐車場にすることもなく、ただ持っている状態だと言います。

　固定資産税は年間180万円で、アパートの家賃収入のほとんどが固定資産税の納付に充てられています。購入価格も含めると、1億円ほどもつぎ込んでいることになると言います。

　子供たちからすると「このままでは困る」「相続税が払えるのか」と不安になるのです。土地を維持するため固定資産税などに現金をつぎ込んでしまい、財産の大半が土地になっています。その結果、土地はあるがお金がないので納税できない財産状況になっています。

自宅200坪に母親がひとり暮らし。維持費が250万円もかかる

　やはり、母親（80代）がひとり暮らしだというKさん（60代女性）が来られました。同じ敷地の別棟には、独身の妹（50代）が住んでいます。亡くなった父親から相続した二棟の賃貸マンションがありますが、築年数が経ち賃貸事業に不安が出てきたとも言います。しかし、二棟の賃貸マンションはサブリースを解消し、適切なリフォームをするなどテコ入れすれば収支の改善は見込めます。

　それよりも課題は自宅の土地です。200坪の敷地に母親がひとり暮らし。土地の固定資産税は高く、建物が築40年となり屋根などを修繕したほか、広い庭の手入れも必須で、維持費に年間250万円がかかりました。今後も費用はかかり続けますが、自宅の収益はありません。長女も次女も持ち家のため、特例も使えません。売却して、バリアフリーでコンパクトなマンションに住み替えするなどの対策が現実的です。

お金を残しても節税できない……
現金の活用も考える

お金を残しておけば安心？

　1990年代のバブル経済崩壊により持っていれば値上がりする財産という常識が崩れ、土地への信頼度が薄まりました。その反動から価値が変わらないお金を残すため、それまで以上にコツコツと貯蓄をする方が増えた印象があります。相続相談に来られる方の多くは、子供や孫に残すために自分たちは節約し、何千万円も、中には億単位で貯めておられ、「相続税がかかっても、現金があるから払えるので安心だ」と言われます。

　けれども、今や預金利息が生活費になるのは夢の話で、ほとんど利息がつかないばかりか、相続になると貯めてきた現金に課税をされるのです。預貯金は金融機関に預けてある残高がそのまま財産評価となり、亡くなったら1円も減らせません。現金のままでは、節税できないのです。

1億円残しても減ってしまう！

　1億円の現金を残して亡くなると、相続人の子供ひとりの場合でどうなるか検証します。

　相続財産　　　10,000万円
　基礎控除　　　 3,600万円　（3,000万円＋600万円）
　課税財産　　　 6,400万円
　相続税　　　　 1,220万円　（税率30％－控除700万円）
　納税後　　　　 8,780万円

　このように、1億円の財産をひとりの相続人が相続する時には、1,220万円の納税が必要になります。他に相続税の申告費用などもかかりますので、残りは8,500万円ほどだとすると、10ヶ月の間に財産の15％程度が減ってしまうということになります。

眠らせても休眠預金で消滅してしまうことも

親の預金額は聞きにくいし、教えてもらえない

　相談に来られる方で子供世代の多くは、「親の預金はわからない」「聞きにくいし、教えてもらえない」と言われます。そうした人たちは相続になってから、慌ててあちこちの金融機関に出向いて預金口座を探すことからしないといけないことになるのです。

　また、長寿社会になるとともに、ひとり暮らしの高齢者の方が増えており、認知症患者も増えているのが実情です。同居や身近な親にも金融資産を聞きにくいとなれば、長年離れて暮らす人はなおさら聞けない、わからないという状況でしょう。

　自分の預金などを明らかにしないまま認知症などになると、家族はどこの金融機関に預金しているのかもわかりません。相続になっても見つからない可能性も出てきます。「聞きにくいから」「教えてくれないから」と先延ばしにすると、本当に見つからないこともあるのです。

休眠預金となって自分のお金が消滅してしまう

　2018年より、10年以上の入出金がない預金口座は休眠預金となり、国の指定活用団体に移して活用されることが決まりました。そんな理不尽なことがあるのかと思われるかもしれませんが、「休眠預金等活用法」という国の法律として決まりましたので、使われていない口座の預金は国が管理して活用することになります。

　もともとは自分や親の預金であったとしても、ずっと預けたままで、そのうち忘れてしまい、引き出したりしなければ消滅してしまうことになるのです。銀行に預けたから安心とは言えない時代で、使わなかったら消滅してしまいかねません。

まだまだ、増税？
資産家には税金ばかり

相続税は増税、対策を取らないと納税額が増える

相続税は2015年に改正され基礎控除が下がり、最高税率の引き上げが実施されました。それまでは、亡くなられた方の数に対する納税者の割合は4％台だったところが、改正後は8％台と倍増しています。資産家にとっては、無策では乗り切れない時代になりました。"大増税時代"に備え賢く節税し、家族が争ったり困ることのないよう、「相続に備えること」が必要な時代になったと言えます。

所得税には特別復興税が上乗せされている…… 2.1％増えた

相続税よりも先行して、東日本大震災（2011年）からの復興に使う予算の財源を確保するため、2012年より所得税を2.1％上乗せする「復興増税」が始まっており、2037年までの25年間続きます。個人の住民税も2014年から10年間にわたり1,000円が上乗せされています。

消費税は2019年10月より10％に…… 2％の増税は影響大

社会保障の安定財源の確保等を図る税制の抜本的な改革を行うため、消費税法が改正され、2019年10月に8％から10％まで引き上げられます。土地や家賃は非課税ながら、不動産の売買や賃貸の仲介手数料や管理費などの経費全般については消費税が増税となります。

自分が課税業者でなくても、消費税の増税分だけ費用負担が多くなりますので、賃貸経営に関わる切実な問題となりそうです。

ただし施行半年前まで、2019年3月末日までに建物の請負契約をしておけば現行の8％の消費税が適用されるという経過措置がありますので、駆け込み契約が増えたかもしれません。

相続対策の専門家は少ない、相談先が見つからない

相続対策の専門家は誰でしょう？　弁護士？

　相続の相談は誰にすればいいのでしょうか？　あらためて考えてみて下さい。相談に来られる多くの方が、「相続問題は『弁護士』に相談したほうがいいのか？」と言われます。しかし、それでいいのでしょうか？

　弁護士は法律の専門家で、争いの調停や交渉が主業務です。争わない限り、弁護士に頼む必要はありません。相続は親子、きょうだいなど身近な親族とのことなので、弁護士は引っ張り出さないほうがいいのです。誰かが弁護士を頼むと、弁護士は依頼者の味方になりますので、他の相続人には有利に働きません。そうなると、こちらも弁護士に依頼して代弁してもらうことになり、弁護士同士のやりとりが主となります。こうなると、相続人でも直接話をしないようにと言われますので、ますます対立は明確になるという図式です。

相続といえば税理士の仕事？

　ならば、「税理士」でしょうか？　確定申告を依頼している方や、法人であれば顧問税理士がいるということもあり、弁護士よりはなじみがあるということでしょう。しかし、考えてみてください。相続が発生した時、納税が必要な方は亡くなった方の８％程度で、９割以上の方は相続税の申告も納税も必要がないのです。相続は毎年起きることではないため、相続税に慣れた税理士はまだまだ少ないのが現状です。税理士であれば誰でも相続ができる、とは言えないことがわかります。

　相続を気軽に税理士に相談すると、的確なアドバイスがもらえないばかりか、経験不足でうまくいかないこともあるかもしれません。「困った」というご相談は数多く寄せられています。

今の時代、信託銀行なのか？

　そうなると「信託銀行」という方もいることでしょう。銀行という信頼感は大きく、テレビコマーシャルなども目にしない日がないほど情報発信されています。

　しかし、信託銀行は遺言信託や遺産整理など相続後の手続きが主業務です。公正証書遺言があれば、遺言執行者として財産目録を作成し、預金の解約をして相続人に引き渡すのが役目です。手続き費用が少なくないことや、争いになってしまうと遺言執行者の立場を返上してしまうこともあり、「最後まで」を期待できないのが実情だと言えます。

　まして、生前の相続対策の専門家ではないため、提案は期待できないことがあり、相談の選択肢ではないかもしれません。

相談先が見つからない

　こうしたことから、円満な相続では弁護士に依頼する必要はなく、また、多くの場合は税理士に依頼する必要がないし、信託銀行でもないと言えるのです。こうした現実がありますので、相続対策をしたくてもどこに行っていいかわからない、相続になったとしてもいずれも行きにくいという声を聞いています。結果、どこに相談に行っていいかわからない、見つからないと困っておられるのです。

相続対策は相続の専門家が必要！

　相続対策の専門家を見つけるには、いろいろな方法があることでしょう。知人、友人からの紹介や新聞、雑誌、テレビ、ラジオなどのマスコミ情報、セミナーや相談会など様々なきっかけが考えられます。

　いろいろと情報を集めると、書籍やセミナー、相談会などいくつもの機会を探すことができる時代です。しかし、その中でも実績などを確認して相談先や依頼先を探す必要があります。相続対策は相続の専門家でないとうまくいきません。本書は相続の専門家探しにおけるポイントや事例をご紹介しますので、ヒントにして頂けるはずです。

CHAPTER 1
資産家の苦悩が増している！

日本人はリタイアしてからも苦労する！
一代で財を成したAさん

資産30億円、年間1億円の家賃が入る

　相談に来られたAさんご夫婦はともに70代。30代で独立して印刷会社を始めたAさんは、夫婦で懸命に働いて少しずつ財産を残してこられました。会社を始めてほどなくしてから好景気の時代となり、業務も順調に伸びて利益も出ました。勧められて自社ビルを購入し、使用しないフロアからテナント収入が入ると、また別の不動産を購入して少しずつ財産を増やしてきました。こうして、会社と個人の不動産が増えて、現在は七棟から年間に家賃が1億円以上入ってきます。

　Aさんは生まれが東京の下町だったことから、40年前から地元周辺の土地を購入し、銀行から借入をして建物を建てて賃貸業を始めました。返済が終わると次の物件を購入し、今では七棟のビルを所有しており、夫婦の合計資産は30億円となっています。

庶民の夢！　悠々自適の家賃生活

　本業の印刷関係は厳しい状況ですが、今では会社の収入の8割が賃貸収入で本業とは逆転しています。保有しているビルは購入した当時よりも、近くに観光施設が増えたことも好要因となり、賃貸収入が安定しています。不動産の数が増えたため、資産管理法人も作りました。

　今までは夫婦で会社運営をしてきましたが、Aさんが70歳になった時に40代の長男に会社を継がせて、本業からはリタイアしました。現在では、個人所有ビルの家賃収入と法人顧問料、貸ビル業の会社役員報酬など、主に賃貸収入で生活しています。ビルの賃貸料が主な収入源のため、実務はほとんどする必要がないのです。今まで苦労して働いてきた証としてビルが残り、その賃料がこれからの生活を支えてくれるのです。

老後に税金の心配をするなんてナンセンス！

　Ａさんご夫婦はリタイアして会社を長男に任せましたので、普段の業務はなく、ビルが稼いでくれる賃貸業をされています。時間にゆとりもできたので、夫婦で海外に出かけては悠々自適の生活を送っています。それでも70代半ばをすぎたので、そろそろ相続が気になり、夫婦でセミナーに参加して、相談に来られたのです。

　香港、シンガポール、オーストラリアなど、数多くの国に出かけてみて、必ず言われることがあるとＡさん夫婦は言われました。それは、「40代、50代でリタイアして、その後は好きなことをしてゆったりと生活するのが普通なのに、日本人はなぜいつまでも仕事をしているの？　まして、老後に税金の心配をするなんてナンセンス！」と。

財産があるが故の悩み

　Ａさんご夫婦は、若い頃から懸命に働き、たいした贅沢もしてこなかったので今の財産が残ったと言います。それが相続税の対象になってこんなに頭を悩ますとは、考えもしなかったと嘆いておられました。

　しかも、不動産は所有しているだけでも固定資産税がかかり、相続になったら莫大な相続税がかかるので本当に理不尽だとも。資産家ならではの悩みかもしれませんが、確かに理不尽だと思えます。

節税のために、海外移住？！

　Ａさんご夫婦は節税のために、相続税がかからない国に移住することも検討されたようですが、相続する子供も生活の拠点を海外に移さないといけません。会社を継ぐ長男の他に長女もいて、それぞれ結婚して孫にも恵まれましたので、子供家族がＡさんご夫婦に合わせて海外で生活することは現実的ではなく、強制もできないため、断念しているとも言います。

　それでも、日本で生活するよりは海外のほうが税金の負担が少ないのは明らか。定期的にあちこちに出かけてはチャンスを待っておられます。

CHAPTER 1
資産家の苦悩が増している！

代々の土地持ち資産家も楽ではない！
先祖の土地を相続したHさん

10代目本家

　兼業農家のHさんは4人きょうだいの長男で、跡取りとして祖父母と同居してこられました。結婚した時も、別世帯という選択肢はない時代ですので、ずっと現在の家に同居してきたと言います。当時は大家族が当たり前の時代で、嫁に来た妻は、夫の祖父母や父母だけでなく、妹や弟たちとも同居して家を支えてくれたのです。

　H家は本家といわれる家柄で、Hさんで10代目となり、多くの農地を所有する農家でした。H家の持つ畑の近くをJRの線路が通っていましたが、昭和50年代に新駅ができ、さらには駅の周辺が区画整理された宅地となって土地の価値が畑から一挙に宅地並みとなっていきました。新駅から徒歩1分という立地のよい畑も所有していました。

土地3000坪、財産評価30億円、借入20億円

　区画整理が終わった頃、両親は農業をしながら貸家業を始めていました。家業を継いでもらいたいと懇願され、Hさんは30代で会社を辞めて家の賃貸業に専念することになったのです。区画整理されて面積が半分近く減ったとはいえ、H家の土地は宅地だけでも3000坪以上もあり、他に調整区域にも畑があり、地域でも有数の地主さんでした。

　弟と妹がいますが、H家は以前の家督相続のように跡継ぎの長男が家とほとんどの土地を相続することになっていて、普段から維持や相続についてはHさんがひとりで担ってきたのです。

　相続税の節税対策としてマンションやアパートを建てて、建築費の借入は20億円ほどありました。それでもまだ空き地や駐車場があり、財産評価30億円、相続税もまだ数億円かかると想定されました。

土地があっても気苦労が絶えない

　それだけでなく、年間の固定資産税だけでも1,000万円は超えていました。父親と自分の所得税もまた千万単位でかかります。資産管理の法人も作り、自分が社長として運営していますので法人税もかかります。毎月毎月、固定資産税、所得税、法人税、住民税、事業税など、税金の支払いとその資金繰りに苦労してきたと言います。賃料も入りますが、返済もあり、それも気苦労の元だったようです。

　Hさんご夫婦は、資産管理会社の役員ながら所有するマンションの清掃は自分たちでされていました。ほぼ毎日を夫婦で出かけては、建物周辺や廊下、ごみ置き場など共有部分の清掃をされていました。退去した部屋も、自分たちでリフォーム手配をしてクリーニングをしていました。所有の軽トラックには清掃道具が常備されていたので、十棟のマンションやアパートの見回りが日常業務となり、休みはなかったと言います。

　そうした努力で財産の維持をしてきても、父親が亡くなった時に相続税が3億円かかり、母親の特例を活かしても納税が1億円以上。空き地とアパートを売却して納税されました。きょうだいへの遺産分割にも現金が必要でしたので、不動産の売却が必要でしたが、「土地があっても苦労は絶えないと」Hさんは言っておられました。

「相続コンサルタント」が必要な時代

　資産家なのに財産が増えなくなり、維持するのに苦労が絶えない、けれどもまだ税金が増えるばかり……。そういう時代になったということです。AさんやHさんの実例からも、土地や資産があるから安心というばかりでなく、苦労が伺われます。

　自分の土地や資産は自分で賢く守らないといけないのですが、それには具体的な対策やノウハウがないと実践できません。こうした時代だからこそ、「相続コンサルタント」が必要になると言えるでしょう。次章から「相続コンサルタント」の強みやできることを紹介していきます。

CHAPTER 2

強みはココ！
「相続コンサルタント」
だからできること

「相続コンサルタント」6つのポイント

「相続コンサルタント」はどういうことができて、強みは何かということを6つのポイントをあげてご紹介しましょう。

1.ヒアリング能力　　財産と家族の状況を知ることから

いつでも相続相談ができる

　相続は財産のことやご家族のことなど、お一人おひとりの状況について、お客様が自らお話し頂かないと判断がつかないことばかりです。そのため、常時、「相続相談」に対応しています。

　また、定期的に個別相談会を開催したり、セミナーを開いたりして、会場で相続相談会を開催したりしており、気軽に相談できるようになっています。相続対策の入口は「相続相談」です。

財産と家族のことを隠さず話してもらう

　相続相談は、お客様のご家族や財産のことを自らお話しして頂きます。相続コンサルタントは聞き役になり、必要な情報を引き出すような質問をしていきます。

　財産やご家族のことは個人情報であるため、家族間でもオープンにしていないこともあります。信頼関係がないとお話をしてもらえない内容ですので、普段から信頼につながる情報発信をしています。

【ヒアリング能力で大事なこと】
　　○上から目線の押しつけ型ではなく、お客様の聞き役になれる
　　○信頼関係が築けて財産や家族のことを隠さず話せる安心感がある

2. 現状分析能力　　経済面・感情面の課題を見つける

カウンセリングで課題を見つける

　漠然と「節税対策をしたほうがいいのではないか」と思っておられる方でも、自分の所有する財産の評価額や相続税額を知らない方が多いと言えます。また、相続税がかかると困ると気にされている方でも、その他の課題には意識が及んでいないのが現状です。

　相談に来られる人でも、「何が課題なのか、わからない」「何から始めていいか見当がつかない」と言われます。よって、「夢相続カウンセリング」の項目にあわせて質問をしていくようにします。5つの質問項目を設けて、財産とご家族がどのような状態かを確認します（図2-1）。「経済面」①財産に関すること、②申告・納税に関すること、③生前対策に関すること、あるいは手続き・専門家に関すること。「感情面」④被相続人、相続人に関すること、⑤遺産分割に関することとして、財産とご家族がどのような状態かを確認します。合わせて、課題となりそうな不動産の共有や担保提供、連帯保証はないかも確認します。

　負債が残っていることはないか、負債の内容や返済原資はあるかということも確認します。さらに、現状の財産の構成で、分けられる財産になっているか、分割金・納税資金の余裕はあるかなども確認します。項目に分けることで課題の整理ができるようになります。

カウンセリング結果（例）

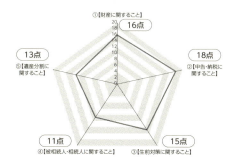

「感情面」「経済面」の課題を確認して、アドバイスする

「生前」の場合、「感情面」では、家族間のトラブルを回避するため、本人の意思や家族の状況がどうかを確認します。後々の遺産分割でもめ事にならないように遺言書の作成が必要かを判断します。

「経済面」では、現金や不動産の贈与、不動産活用や資産組替などの不動産対策や生命保険などの節税対策の必要性や可能性を判断します。また、納税資金が確保できる対策、分割財産を用意する対策などが必要かも判断します。

「相続後」の場合は、「感情面」では遺産分割でもめ事に発展しないか、不安要素を確認します。遺言書があれば優先しますが、遺言執行のメリットとデメリットも確認します。「経済面」では、土地の評価を下げる余地があるか、地形や面積などにより判断します。そのため、土地は現地調査をし、簡易測量をして地形や現況面積を確認します。不整形地があるか、地籍規模の大きな宅地に該当する宅地があるかの判断もします。

また、相続税の納税を減らすことができる小規模宅地等の特例や配偶者税額軽減の特例、納税猶予の特例の適用の余地も確認します。

実務サポートの見積もりを提示する

課題を解決するために、実務面のサポートが必要な場合は、内容を説明し、費用の見積もりを提示します。どのくらいの期間が必要で、費用がいくらかかるかがわからないと依頼することもできません。概算だとしても必要な提示をして、双方の合意が得られて業務がスタートしますので、最初に費用を提示することが望ましいと言えます。また、いつ頃から取りかかるのか、どれくらいかかるのか、期限はいつかなど、スケジュールの目安も必要でしょう。

【現状分析能力で大事なこと】
　　○カウンセリングを活用して相続の全体像を把握する
　　○「感情面」「経済面」の課題を見つけて解決する

3. 課題解決能力　　課題を解決する方法を導き出す

オープンな相続　家族円満が大前提

　相続の課題を整理したあと、次はどのように解決していくかという具体的な手段を明確にします。相続になる前に家族間の「感情面」の課題が指摘される場合、対策は必須と言えます。

　相続コンサルタントは、相続人全員に公平な立場を取り、情報をオープンにして共有してもらうことを前提とします。弁護士は依頼された人の味方になることが業務ですが、相続コンサルタントは特定の相続人の味方になるのではなく、公平な立場で問題を解決することを目指します。よって、ご家族が円満であることが大前提となります。

遺言書もオープンにして争いを回避

　生前に遺言書を作成する場合は、家族にオープンにして、みなさんで取り組んでもらうようなサポートをし、余計な争いを誘発しないようにします。相続後であれば、相続人で情報を共有して、特定の相続人の独断にならないような配慮をします。

現金と不動産を活用した積極的な対策の提案

　生前であれば、現金や不動産を活用した積極的な節税対策も提案します。現金は貯めたままではなく、対策に活用する方法を提案します。土地があれば、活用したり、売却して組み替えたりし、形や数を替えることで評価を下げることを提案します。現金や不動産を活用した対策は、「贈与」「建物」「組替」「活用」「法人」などの方法を組み合わせて提案することで節税効果を高めます。財産は個々に違いますので、お一人おひとりに合わせたオーダーメードな提案となります。

【課題解決能力で大事なこと】
　　○「感情面」は家族の争いを誘発しないオープンな対策がカギとなる
　　○「経済面」は現金と不動産を活用したオーダーメードの提案となる

4. 相続対策の発想力　　具体的な対策プランを発想、立案、資料化する

ご家族の最良のストーリーを描く

　相続コンサルタントは、生前から相続後の対策、さらには次の相続対策までといった「相続のすべてをコーディネート」します。「オーダーメード相続のストーリーを描き、有形無形の財産を残す」ことを目指しています。お客様の財産の維持継承や節税対策だけでなく、ご本人の意思やご家族の気持ちに配慮したストーリーを描くようにしており、ご本人や相続人の方の意見を尊重しながらも、遺産分割や財産評価、申告や納税について、最良のストーリーを提案します。

　相続がスムーズに終えられるとその後の生活へつながる道が開けて、家族のコミュニケーションが取れて絆が深まるきっかけとなります。それには財産を残すだけでなく、身内の争いを残さないことも大事です。

お客様にわかりやすい資料作りをする＝見える化

　提案書の内容はオーダーメードで、お客様に合わせて個々に違います。家族の状況から相続人を確認、不動産は現地調査をします。感情面、経済面の課題を確認して、解決への方法を提案します。

　節税対策に関しては、対策の方法と節税効果、メリットとデメリット、他の選択肢などをわかりやすく説明した内容にします。難しい内容や数字ばかりを並べてもわかりにくいため、理解して決断して頂くためにできるだけシンプルにして、節税効果などを数字で説明するようにします。お客様に理解頂ける、目線に合わせた内容にするようにします。感情面の対策として遺産分割案、遺言書、民事信託なども提案していきます。いずれもサポートをして実現できる具体策となります。成果も費用も数値化、見える化するようにします。

【相続対策の発想力で大事なこと】

　　〇ご本人、ご家族に合わせたオーダーメード相続のストーリーを描く
　　〇メリットとデメリットを提示し、理解しやすい内容の提案書にする

5. 相続対策の提案力　　提案内容を説明、対策の決断を促す

提案書は必須　対策を進める羅針盤

　対策を進めるため、解決のための提案書を作ることは必須項目です。ご家族に集まって頂き、相続コンサルタントが提案書の内容や今後の進め方などについて説明するようにしています。

　最良の提案だとしても、お客様やご家族にご理解頂き、前向きな決断をして頂かないと効果は得られません。提案書作りがゴールではなく、決断して頂く羅針盤が必要なのです。お客様の決断を促す入口となるのは、課題解決の提案書です。

お客様と同じ目線でわかりやすく説明する

　委託を受けたお客様は代表者でも、提案の際は相続人となる配偶者と子供さんも全員揃って頂き、情報を共有することを前提としています。最終的な意思決定はご本人がするにしても、相続人に温度差があったり、知らせていないことがないように、感情的なトラブルを誘発しないような配慮をして進めるようにします。

　相続後で遺言書がない場合は、相続人全員の意思確認と合意が必要になりますので、全員と情報共有をすることが鉄則になります。

　どの場面でも、重要な決断が必要になりますので、必ず書類を作成して説明するようにします。

　そして、大きな声でわかりやすく説明することです。知識のないお客様には専門用語が難しいこともあり、お客様と同じ目線で説明し、表情や反応などから理解が得られているか確認しながら進めていくようにします。提案内容を伝えるだけでなく、お客様の決断を引き出すことが大切です。

【相続対策の提案力で大事なこと】
　　○明るく笑顔、大きな声で、お客様にわかりやすく説明する
　　○提案書がゴールではなく、決断して対策実現することが目的となる

6. プロジェクトの管理能力　　専門家をまとめる

相続コンサルタントがチームリーダー

　相続コンサルタントは、相続のストーリーを描き、相続人の意思を尊重しながら専門家のまとめ役となります。そして、相続の成果をあげるために専門家をまとめ、案やノウハウを提供し合い、相続人も含めてひとつのチームとなって成果を出せるようにします。

　こうして相続人や専門家がコミュニケーションを取り合い、協力して進めた相続であれば、ご本人やご家族が納得しながら実現していける機会となります。

　相続コンサルタントは、相続人と相続の専門家との両方の橋渡し役であり、ひとつのストーリーを完成させる監督や指揮者のような立場であると言えます。

選択肢を用意、ストーリーを作る

　相続の仕方にはいくつもの選択肢があり、どれを選択するかによってその後の運命が変わることもあります。だからこそ、相続コンサルタントはいくつかの選択肢を提案し、相続人の方が理解しながら選択できるよう、一緒になって進めていくことを目指しています。

　相続の選択肢を用意するのは、相続コンサルタントの重要業務であり、相続の場面では不可欠だと言えます。けれども、たいていの場合、相続に関わる弁護士や税理士など他の士業の先生方は、専門分野には長けているけれども、感情面や経済面に配慮した相続のストーリーを描く業務には配慮されないことがあります。そのため、私たち相続コンサルタントがそうした業務を担当しているのです。

【プロジェクトの管理能力で大事なこと】
　　○相続のストーリーを描き、専門家をまとめる役割を担う
　　○相続の選択肢を用意して他の専門家のノウハウを引き出す

「相続相談」は3人体制で解決、アドバイス

対策の第一歩が「相続相談」

　相続はどのようなことから始めていいのか見当がつかないと言われる方もあります。いずれ、何かしなくてはと漠然とした思いはあるものの、なかなか行動に移せないという方が多いようです。まずは、課題を知るところからがスタートです。

　そのための第一歩が「相続相談」です。相続はオーダーメードで対処することになりますので、個別事情をお話し頂くことで、ご自分も整理でき、対応するこちらも把握できるのです。相続相談では、相続実務士である私を含め3名で対応します。60分を目安としており、①現状の課題と解決のアドバイス、②財産の概算評価や相続税額の算出、③実務の提案と費用の説明をするようにしています。

問題解決の糸口が見つかる

　相続相談では、課題の確認と解決へのアドバイスを目的としており、面談時間の中でその両方を提示するようにしています。ご相談は、ご家族や財産の状況など個人の事情をお話し頂くことになり、短い時間ながらも信頼してその後の人生を左右するかもしれない場面に関わらせて頂きますので、最善を尽くしたいという気持ちで臨みます。

　相談されるご本人も、話をすることで気持ちが整理され、すっきりされることが多く、清々しい表情でお帰り頂くことができます。また、「こんなことまで話す予定ではなかったのに、話ができてよかった」と言われる方もいます。「相談に出向く」「話をする」というアクションを起こすことから問題解決の糸口が見つかるはずです。一歩を踏み出して頂きたくお勧めいたします。

<面談相談のプロセス>

【予約】
電話、メールにて面談日の予約をする
↓

【相談カードの準備】
事前に相談内容、家族、財産状況を「ご相談カード」に記載、メール、ＦＡＸしておく（図2-2-1,2-2-2,2-3）
↓

【面談当日】（カウンセリングと提案）
60分程度でお話を伺い、課題を整理、アドバイス、提案する。実務が必要な時は、コーディネーターと専門家の実務内容と費用の見積もりを提示する。夢相続カウンセリングを渡す
↓

【実務の依頼】（解決）
相談の内容と見積金額を確認の上、解決に向けて実務を依頼する

図 2-2-1)
ご相談カード

図2-2-2)
財産内容 事前確認シート

CHAPTER 2
強みはココ！「相続コンサルタント」だからできること

図2-3）相続診断で現状と課題を整理【Quick診断】

相続財産評価額（対策なし）

項　目			評価額	構成比
資　産	不動産	土地　小規模宅地の評価減適用前の評価額	10,000万円	84.2%
		小規模宅地評価の特例による評価減	0万円	
		建物	300万円	2.5%
	金融資産他	現金・預金	1,000万円	8.4%
		有価証券	330万円	2.8%
		生命保険金　法定相続人×500万円まで非課税	250万円	2.1%
		死亡退職金　法定相続人×500万円まで非課税	0万円	0.0%
		その他		0.0%
		（Ⅰ)資産合計	11,880万円	100.0%
負　債	借入金等	借入金	0万円	
		（Ⅱ)負債合計		
		（Ⅰ)－（Ⅱ)純資産価格	11,880万円	

相続税予想額

基礎控除	4,800万円
課税遺産総額	7,080万円
相続税額	912万円

家族構成
●配偶者：
●子　　：　　　　　　3　人

【確認事項】
　□配偶者　　　　　ある　・　なし
　□同居相続人　　　ある　・　なし
　□事業用宅地　　　ある　・　なし
　□賃貸事業用地　　ある　・　なし
　□調整農地　　　　ある　・　なし
　□生前贈与　　　　ある　・　なし
　□遺言　　　　　　ある　・　なし

【相続 Quick 診断結果】
評価　□小規模宅地特例　居住用
　　　□小規模宅地特例　事業用
　　　□小規模宅地特例　賃貸用
　　　□地積規模　　　　□不整形地
　　　□道路　　　　　　□その他
納税　□配偶者　　　　　□農地納税猶予

具体的な評価減は正式な相続プランにて検証します。

財産構成グラフ

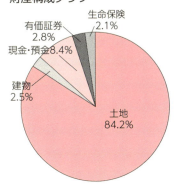

31

相続のストーリーを描いて「オーダーメード相続」を提案、サポートする

相続の最初から最後までのストーリーを描いて提案

　相続対策の専門家は、「亡くなってから、申告、納税まで、さらには次の相続対策まで」という相続の最初から最後までのストーリーを描いて提案し、サポートをすることを業務としています。

　まずは、相続人にストーリーを提案して、共感を引き出し、納得してもらったうえで決断をしてもらうことが必要です。そのうえで、必要な専門家をまとめて相続の成果をあげて成功へ導く役割を果たすのが「相続コンサルタント」の役割です。相続のストーリーを描き、相続人の意思を尊重しながら専門家をまとめる役割を担います。

専門家のノウハウを引き出して成果を出す

　相続対策の成果を出すためには、専門家が案やノウハウを提供し合い、相続人も含めてひとつのチームとなって、信頼し合い、協力することができることが望ましい形だと言えます。こうした信頼関係の下に協力体制を取れたとすれば、いい成果が出せるはずです。

　相続コンサルタントは、相続人の事情に合わせた相続のストーリーを描き、その実現のために必要となる専門家、税理士をはじめ、測量士、不動産鑑定士、宅建取引士、不動産コンサルティング、ファイナンシャル・プランナー、司法書士、弁護士等をまとめます。それにより相続の価値を高め、成功へと導くのが相続コンサルタントです。

財産で幸せになり、不幸にもなる

　相続をどのようにしていくのかは、財産を所有する人の権利であり責任でもありますが、その形はオーダーメードで作ることになります。

　たいていの方は、財産を配偶者や子供に残してあげたいと考えておられます。財産を残したいという思いのベースにあるのは、「残された家族が幸せになってほしい」という願いでしょう。財産が残ることで、生活にゆとりが持てたり、将来の不安を解消することにもつながります。分相応で維持しやすい財産を残すことは、配偶者や子供たちにとっても幸福なことです。

　一方で、残した財産の管理が煩わしく負担となる場合や、分けられない不動産の場合で「争いの元」になるような残し方をすれば、財産がデメリットになります。財産を残すことはよいことのはずですが、それによって負担になったり争いになるのであれば、むしろ残さないほうがよかったということになるかもしれません。

　財産を残す人の考えひとつで、家族が幸せになれる財産となりメリットを生むのか、負担になり、分けられない負の財産でデメリットにもなります。また、相続の手続きでは「家族の絆が深まる機会」になることもあれば、分割でもめてしまい「一生修復できない絶縁のきっかけ」になることもあります。

自分の意思で相続を用意する

　だからこそ、相続で家族が大変にならないために、できれば生前に、自分の意思で「自分の相続に備えておく」ことが必要なのです。仮に生前の対策ができていないとすれば、相続人が協力し合って、専門家とともに次世代まで見据えた選択と決断をされることです。

　次世代まで円満に、不安なく、争わずに乗り切れるよう、感情面と経済面の両方に配慮しながら対策をしておく方法を選択することで相続の価値が高まります。ご本人への感謝や評価が高まり、家族の絆が再確認できる機会となります。そうした機会にするためにも「相続コンサルタント」や専門家の知恵が必要になります。

生前も相続後もオーダーメードでプランニング

生前

　生前の「相続プラン」は、①「相続人と財産の確認」、②「不動産の現地調査」、③「財産評価及び相続税の算出」、⑤「現状分析、課題整理及び解決への提案」、⑥「生前対策の提案と節税効果」から構成しており、それぞれについて提案書にします。

　所有される不動産については現地に出向いて、簡易測量をし、利用状況を確認します。そうすることで詳細な評価を出し、具体的な節税対策の提案をすることができます（図2-4-1～2-4-6）。

生前対策に取り組む順序

「相続プラン」は次の順序で取り組むようにします。

　①相続相談、カウンセリング
　②相続人の確認、状況の確認、把握をする
　③財産評価と課題の整理
　④感情面の対策1→分けられる財産にしておく
　⑤感情面の対策2→遺産分割を決めて遺言にしておく
　⑥経済面の対策1→分割金、納税資金を確保しておく
　⑦経済面の対策2→節税対策を取っておく

CHAPTER 2
強みはココ！「相続コンサルタント」だからできること

図2-4-1)【相続プラン実例】空家になった自宅で対策を決断した

父所有財産

自宅
（住居＋店舗＋駐車場）
1億1,000万円

現預金
2,000万円

財産の合計　**1億3,000万円**

課題
- 夫婦（90代）で高齢者住宅に転居→自宅が空家になった
- 子供は同居なし、将来も戻らない
- 相続税は節税したい
- 自宅が財産の85％→そのままだと分けにくい

【家系図】

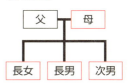

（相続人）
配偶者、長女、長男、次男
4人

【相続税予想額】

980万円（配偶者あり）

1,080万円（配偶者なし）

	収　入	支　出
対策前	220万円/年	50万円/年

図2-4-2)【相続プラン実例】節税対策の選択肢はいくつもある

【不動産の活用】

リフォーム	土地活用	売却・資産組替

既存の土地に建設

- 貸家建付評価による土地の評価減
- 建物に評価減
- 収益の向上

- 貸家建付評価による土地の評価減
- 建物の評価減
- 収益の向上

- 納税資金の捻出
- 資産組替資金の原資

それぞれの対策のポイント

節　税	○
収　益	○
分　割	×

節　税	○
収　益	◎
分　割	×

節　税	○
収　益	○
分　割	◎

図 2-4-3)【相続プラン実例】建物を活かしてリフォーム、賃貸する

自宅をリフォームして賃貸する

土地→①貸家建付地評価 21％減
建物→②貸家評価 70％
現金→リフォーム代金は減らせる
小規模宅地等の特例→適用できる

【現状】　土地　　　　　　　　　　1億円
　　　　　家屋　　　　　　　　1,000万円
　　　　　評価額　　　　　　1億1,000万円

【賃貸した場合】
　　　　　土地　7900万円←①▲2,100万円
　　　　　家屋　　700万円←②▲　300万円
　　　　　評価額　　　　　　　8,600万円

リフォームしたことによる
土地・建物評価減額 **2,400万円**

● 賃貸すると小規模宅地等特例で200㎡まで50％減額する
● 空家は解消でき、家賃収入が入る
△ 分けにくい形は変わらない
△ リフォーム代がかなりかかる

図 2-4-4)【相続プラン実例】土地を残して活用　賃貸住宅を建てる

土地を活かして賃貸マンションを建てる

土地①貸家建付地評価 21％減
・
建物②貸家評価 70％
・
借入③減額できる

土地評価額
1億円
↓
貸家建付地（79％）
約7,900万円
△ **2100万円**①
（貸家土建付地の評価減額）

事業費（借入）
△ **2億円**③
建築費（約90％）
約1億8,000万円
→
固定資産税評価
（建築費の60％）
1億800万円
→
貸家評価（70％）
建物評価
7,560万円②

評価減額
①＋②＋③
1億4,540万円

● 建築費は負債としてマイナスでき、節税効果は大きい
● 収支のバランスが取れるように事業計画が必要

建物　2億円の建物が**7,560万円**の評価となる

図 2-4-5）【相続プラン実例】土地を売却して賃貸住宅に買い替え（資産組替）

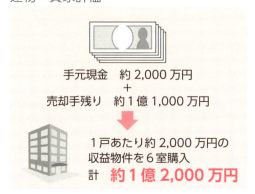

● 売却代金と手元現金
　1億2,000万円区分マンション6室を購入、賃貸した場合、3,600万円の評価（30%→70%減）となる
● 将来、子供3人に分けることを想定して購入する

図 2-4-6）【相続プラン実例】生前対策の節税効果の検証（資産組替）

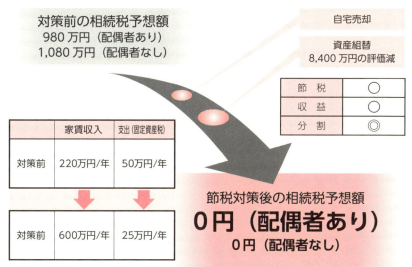

> 相続後

相続実務は、主に次のようなプロセスによって進めていきます。

事前準備
　［ステップ１］誰に相談するかで相続が変わる
　　　　　　　（相続の専門家の選定）
　［ステップ２］財産は全部でいくら？　財産状況の把握（相続財産・債務の確認・法定相続人の確認、遺言書の確認）

現地調査
　［ステップ３］専門家チームを選び財産を個別に確認
　　　　　　　（不動産の現地調査）
　［ステップ４］相続財産は全部でいくらあるのか？　評価と税額の検証
　　　　　　　（財産評価と相続税額の算出と検証）

対策検討
　［ステップ５］どんな節税策が取れるのか？　効果的な節税方法の策定
　　　　　　　（節税案の提案と検討）
　［ステップ６］誰にどれぐらいの財産が分けられるのか？
　　　　　　　（分割案と納税案の検討、決定）
　［ステップ７］家族で話し合いスムーズな節税を進める
　　　　　　　（遺産分割協議書作成）

申告・納税
　［ステップ８］いざ申告、納税のための資金を準備
　　　　　　　（相続税の申告書作成、申告、相続税の納税）

遺産分割
　［ステップ９］名義替え（不動産登記、預金等）、遺産分割はもれなく進める

二次対策
　［ステップ10］二次相続に備え、生前の節税策を検討する
　　　　　　　（今後の生前対策の検討）

図 2-5-1）相続後にできる主な節税項目

【評価・申告】の時にできる節税 ……徹底的に節税評価する	【遺産分割】の時にできる節税 ……相続の方向性の鍵となる
□ ①測量をして面積・地形を確認する（面積の増減）	□ ①小規模宅地特例の使い方で変わる①誰が相続するか
□ ②道路の状態で評価減する（無道路・セットバック・計画道路）	□ ②小規模宅地特例の使い方で変わる②どこに適用するか
□ ③土地の形状で評価減する（不整形）	□ ③土地を分筆することで減額になる
□ ④崖地・傾斜地等の現状を評価する	□ ④配偶者税額軽減の特例を利用する（納税を減らす）
□ ⑤高圧線下の土地は減額できる	【遺産分割】の時にできる節税 ……相続の方向性の鍵となる
□ ⑥区画整理中の土地は減額要素がある	□ ①売却は3年以内にする（相続税の取得費加算を利用）
□ ⑦地積規模の大きな宅地評価を適用する	□ ②売却するなら相続した土地にする（相続税の取得費加算を利用）
□ ⑧鑑定評価を採用する	□ ③納税がない相続人は売却地を取得しない
□ ⑨路線価評価で売れなかった土地は時価申告する	□ ④農地の納税猶予を受ける
□ ⑩特殊な事情は評価に反映される	□ ⑤生産緑地の納税猶予を受ける
□ ⑪用途地域境の評価減	□ ⑥配偶者の納税軽減を適用する

図 2-5-2）節税項目を組み合わせて効果を引き出す

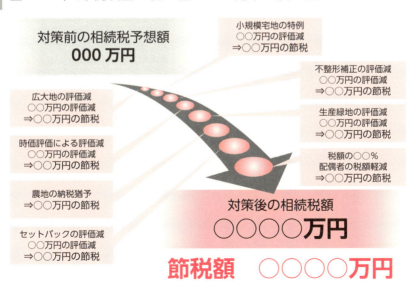

「感情面」の配慮
家族がもめないようにサポートをする専門家

「相続させる立場」と「相続する立場」の両方をつなぐ役割

　相続になると相続人の方々の人柄や家族の人間模様まで隠すことができない事態になることもあります。亡くなった方の意思が見えないと相続人はそれぞれ自己主張をし、相手を責め、長年の不平や不満をぶつけ合う場となることもあります（図2-6-1,2-6-2）。

　そうした場面では、相続人の本音がぶつかり合うばかりで、亡くなった方への感謝や尊敬の念は飛んでしまいます。たとえどんなに立派な方でも、最後の締めくくりがそんな状態では、亡くなった方の評価も、残された家族の評価も半減するというものです。

　相続では、配慮のある生前対策をしておく必要があります。相続になっても乗り切れる財産にしておくことも大切ですが、そうした経済面の対策だけでなく、もめないように感情面の対策をしておくことが重要課題と言えます。意思を残すことは権利であり、義務でもあります。「相続コンサルタント」は、相続させる親の立場のお客様と、相続する子供の立場のお客様と、両方とコミュニケーションを取り、家族をつなぐ役割をします。

相続を円満に乗り切るためのサポートをする

　相続を円満に乗り切るには、本人の意思が残っていることが最良の説得材料になります。生前であれば、意思を残してもらうべく、遺言書作りをサポートします。相続後、遺言書がない場合は、互いに譲歩して家族でまとめるようにサポートします。

CHAPTER 2
強みはココ！「相続コンサルタント」だからできること

図2-6-1）遺産分割の相談者分析①
相続相談で遺産分割に関する内容（平成19〜29年417人）

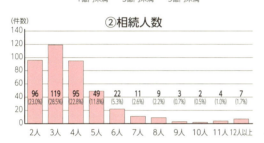

図2-6-2）遺産分割の相談者分析②
相続相談で遺産分割に関する内容（平成19〜29年417人）

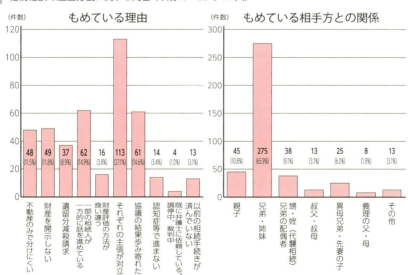

41

【生前】相続を円満に乗り切るポイント

普段からコミュニケーションを取っておく
いざという時には円満にいかない

財産や生前贈与はオープンにしておく
疑心暗鬼の元を作らない

寄与や介護の役割分担の情報共有をする
一方的な主張にならないようにする

遺産分割でもめないようにしておきたい
遺言書で意思を残しておけば説得材料に

【相続後】円満な遺産分割協議をするポイント

代表者が公平な立場で話し合いを進める
一方的な進め方はこじれる原因になる

財産は隠さず全部オープンにする
オープンにすることで信頼関係を保つ

寄与や特別受益も考慮して互いに譲歩が必要
「一歩も譲らず」ではまとまらない

感情的な話は持ち出さない
前向きな話とし、過去のことは持ち出さない

必要以上に責め合う場にしないよう配慮する
一言が一生許せなくなり、縁も切れる

「経済面」のこだわり 節税効果は数字で「見える化」

相続税の計算はシンプル

　相続税の計算はとてもシンプルです。不動産の評価をし、金融資産や負債を確認、足したり、引いたりして合計を出します。相続人を確認すれば相続税の基礎控除が出せます。財産が基礎控除よりも多い場合に相続税が課税されます。相続税は累進課税なので、財産評価が高いと相続税も多くなり、評価が低くなると相続税も低くなります。

節税対策は計算でき、数字で効果が見える

　相続対策にはいくつも方法があり、現金や不動産を活用して評価を下げることが主な対策になります。例えば、空地にアパートやマンションを建てると「貸家建付地」となり、借地権、借家権を掛け合わせた割合を差し引けます。建物に関しても借家権割合を差し引いた評価をします。それらはすべて割合が決まっていて、計算ができるのです。

　さらには、貸付事業には「小規模宅地等の特例」を適用することができ200㎡まで評価を50％減額することができます。

節税効果を「見える化」することは必須

　このように「経済面」の対策は、現在の評価を確認し、対策後の評価を想定して、比較することにより、節税効果を数字で算出できるのです。財産の額は少なくないため、節税するには大きな決断が必要になります。「なんとなく節税対策になる」ということでは不安要素も生じます。そのために節税効果を算出することは不可欠だと言えます。

CHAPTER 3

節税を導く仕組みを
「見える化」する

生前の節税対策
「財産を減らす」+「評価を下げる」

　相続税は累進課税で、課税額が高くなるほど税率も高くなる仕組みです。財産が多くなれば相続税も高くなり、財産が少なくなれば相続税も少なくなります。よって、相続税を減らすためには「財産を減らすこと」と「評価を下げること」が対策となります。

財産を減らす対策は「贈与」が代表格
　「財産を減らすこと」の代表格は「贈与」です。中でも現金の贈与は節税対策の最も手軽な方法ですので、多くの方が実践されていることでしょう。贈与税の基礎控除は年間110万円ありますので、計画的に取り組むことができます。複数人に贈与することが可能で、子供や孫などに少しずつ前渡しすることで確実な節税になります。

　一括で渡してしまいたい時には、「教育資金の一括贈与」や「結婚・子育て資金贈与」などの特例があり、2021年3月31日まで延長されました。しかし、教育資金はもともと非課税ですので、今後も活用できます。「住宅取得等資金贈与」は2021年12月31日までの期限となっていますので、要件に合う場合は活用するメリットがあります。

　現金贈与ではなく「不動産の贈与」という方法もあります。現金よりも不動産の評価のほうが低くなる特徴を活かし、正味価値よりも低い価格で贈与することができるので、節税効果も大きくなります。よって、現金をそのまま渡すのではなく、賃貸不動産を購入してから贈与する方法を取れば3倍ほどの価値を渡せることになります。

　また、配偶者に居住用の不動産や住宅を取得するための現金を贈与する場合は、贈与税の特例がありますので効果的に活用しましょう。

評価を下げる対策は「不動産」で大きな節税もできる

「評価を下げる」代表格は「不動産」です。不動産のうち、土地の評価額は「路線価×面積」で算出されますが、土地はたとえ同じ「路線価」の道路に接しているとしても、その形状等は個々に違いがあり、評価する土地には何らかのマイナス要因を含んでいることがあります。必ずしも「路線価×面積」が適正な評価とはならないのです。こうした状況を正確に判断するには、土地の現地調査をし、マイナス要因を把握することによって、土地の評価減を引き出します（図3-1）。

また、土地活用をしたり賃貸不動産にすることで、借地権や借家権を差し引くことができ、土地や建物評価が大きく下げられます。建築費や取得費を借入すればマイナス財産として差し引くことができるため、千万単位、億単位の節税効果を出すことができます。仮に借入がない場合でも、賃貸不動産にすることで評価が下がります。

贈与の非課税枠は年間110万円と少ないため、財産が大きい場合は不動産対策が不可欠になると言えます。

図3-1）生前にできる節税対策

財　産	財産を減らしてできる節税		評価を下げてできる節税	
現　金	○	贈与　普通　　　　　　　110万円 　　　教育資金　　　　1,500万円 　　　住宅取得　700万円〜1,200万円 　　　配偶者控除　　　　2,000万円 　　　結婚・子育て資金　1,000万円	○	不動産を購入
	○	寄付	○	建物資金に利用
株　式	○	贈与	△	同族会社株であれば計画的に評価が下がる状況を作る
生命保険		現金→保険加入	○	非課税枠1人500万円
不動産	○	贈与	○	土地活用、資産組替
	○	売却→現金→購入	○	分筆
	○	寄付	○	地積規模大地
			○	小規模宅地等特例要件
その他対策		法人設立（現金増回避）		養子縁組（基礎控除増　1人or2人）

相続後の節税対策
「評価を下げる」＋「納税を減らす」

「評価を下げること」は主に土地の評価

　相続後に相続税を節税する方法のひとつは、「財産評価を下げること」です。それは、"申告の評価を下げる"ことになります。評価を下げれば相続税も下がります。

　亡くなってからでも評価を下げることができる財産として、主なものは不動産です。不動産でも、特に「土地」の評価の仕方はひとつではなく、いくつかの方法があります。また「土地」そのものがどれひとつとして同じものはなく、個々に状態が違い、マイナス要因をいくつも見つけられることがあります。土地の現実の状況を評価に反映できれば、評価減を引き出すことができ、相続税も節税できます。

評価を下げる要素を見つけていく

　土地の評価以外でも評価を下げる要因が見つかることもあります。例えば、測量をすると登記簿よりも面積が小さい場合、実測面積で申告をします。相続評価以下にしか価値がないという場合は、売却した「時価」で申告できます。また、建物の価値が固定資産税評価に見合わない場合は鑑定評価書の評価を採用して申告することもできます。

　そうした個別の状況を引き出していくことで、減額の要素をひとつだけでなく、２つ３つと積み重ねていくことで、"申告の評価を下げる"ことができ、合法的に相続税を安くできるのです（図3-2）。

納税を減らす方法もある　「特例、猶予」

　相続税を節税する方法の２つ目は、「納税を減らすこと」です。配偶者の税額軽減の特例が最たるものです。二次相続の時の納税額を考慮しな

がら、効果的に利用することで納税額を大幅に減らすことができます。農地の納税猶予も納税を減らす選択肢となります。

このように「評価を下げること」と「納税を減らすこと」の組み合わせで、相続税を安くするのです。

「遺産分割」「評価・申告」「納税」で相続税が変わる

相続税の節税は、「遺産分割」「評価・申告」「納税」の選択により納税額が変わります。特に配偶者の税額軽減や小規模宅地等の特例は、誰が、どこを相続するかによって変わりますので注意が必要です。

自分たちで考えて決めることは簡単ではないため、相続コンサルタントなど専門家に相談することが望ましいでしょう。専門家のノウハウや実務経験により、亡くなってからでも節税のチャンスを作り出すことができますので、専門家選びを間違えないようにしたいものです。

図 3-2) 相続後にできる節税対策例

財　産	評価を下げて節税		財産を減らして節税	
現　金	×	要注意　名義預金が増える	×	(○寄付)
株	×	要注意　名義株が増える	×	(○寄付)
生命保険	△	非課税枠がある （500万円×法定相続人数）	×	
不動産	○ ○ ○ ○ ○	土地評価（地積規模の大きな宅地、不整形、接道、特殊要因等） 分筆（取得者ごとに分ける） 小規模宅地等の特例 時価評価（売買価格） 鑑定評価	×	(△寄付)
その他対策	配偶者の税額軽減		農地の納税猶予	

評価の仕方には違いがある「現金」vs「不動産」

不動産は評価が下がる

現金（預金）の価値は一定で変わりません。価値が変わらないのは安心ですが、節税を考えると現金（預金）をそのまま持ち続けても価値が変わらないだけに、相続税は一切節税できません。けれども、不動産は評価の仕方が違うのです。土地は路線価で評価し、時価の約8割になります。賃貸していれば借地権、借家権を掛けた割合を引くのでさらに8割になります。建物は固定資産税評価で評価するため、時価の4割程度になり、貸せば借家権を引いた7割になります。

不動産の評価の検証①　一棟アパートの場合⇒46％

現金1億円で一棟マンションを買うと、土地の評価は64％、建物の評価は28％となります。土地と建物を合わせると46％となり、半分以下の評価になります。よって現金（預金）で持ち続けるよりも、賃貸不動産を購入したほうが半分以下の評価に変わり節税になります。

不動産の評価の検証②　区分マンション⇒24.19％

上記は土地にアパートが建っている一棟アパートの想定ですが、共同住宅の1室、区分所有の分譲マンションの場合も検証してみましょう。区分マンションの土地は共有であり、全体のうち一部を所有していますので、一般的には土地の価格よりも建物の価格が大きくなります。実例を検証すると、1億円でタワーマンションの1室3LDKの部屋を購入して賃貸している区分マンションは2,419万円の評価となり、購入価格の24.19％に下がります。よって、一棟マンションのよりも建物価格の割合が大きいほうが節税効果が高いのです（図3-3）。

図3-3) 節税の基本
評価の仕方の違いを知っておこう

【預　金】

【不動産・一棟アパート】

【一億円の一棟アパート】評価 4,600万円　46%

【不動産・区分マンション】

【1億円の区分マンション】一般的には時価の30%相当

不動産の評価が節税効果を生み出す

不動産の評価の検証③　土地活用

　所有する土地を活用して賃貸マンションを建てる場合、土地は他人に賃貸している借地権と借家権をリスクと想定し、掛けた割合を引きます。この貸家建付地評価は約8割になります。

　建物は資産として増えますが建物は固定資産税評価となり、借家権を掛けて7割になります。

　さらに、建築資金のための借入金は財産から差し引いて計算しますので、結果的にマイナスの方が大きくなり節税になります。

　例えば450㎡の土地に1億円借りて賃貸マンションを建てると、8,290万円の減額となり、税率50%であれば相続税が4,145万円減らせるのです（図3-4）。

　収支計画を立てて家賃収入と借入返済のバランスを取り、無理のない賃貸事業にしておくことで、相続税を節税しながら収益を得ることができます。

CHAPTER 3
節税を導く仕組みを「見える化」する

図 3-4) 節税の基本
土地活用で賃貸住宅を建てると節税になる
●路線価 4,500 万円の土地に 1 億円を借りて賃貸マンションを建てる場合

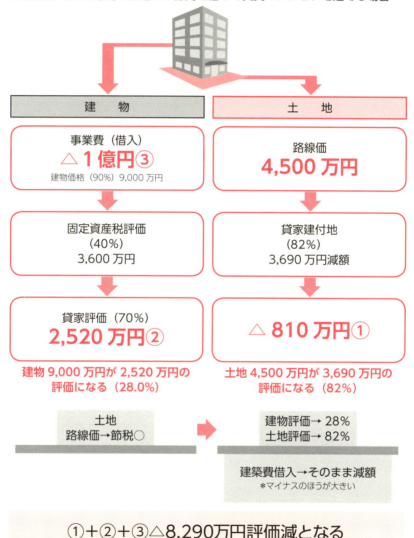

相続税の出し方を知っておこう

　一般的な財産の評価や相続税の計算は、そう難しくはありません。財産を全部評価して足したり、引いたり、掛けたりするだけのシンプルな作業です。土地は路線価あるいは倍率で評価し、建物は固定資産税評価をそのまま使用します。現金・預金、有価証券は残高を確認し、生命保険の死亡保険金などを足し、ローンなどの負債は引きます。自宅土地3,500万円、建物500万円、駐車場4,500万円、空き地4,500万円、預金7,000万円、生命保険と負債はなしの場合、財産は2億円です。相続人が子供2人だと相続税は3,340万円です。預金から相続税は払えますが、相続時に半分は減ります（図3-5-1,3-5-2）。

図3-5-1）相続税の計算

財産価格	20,000万円
基礎控除	▲4,200万円
（3,000万円＋600万円×2人）	
課税財産額	1億5,800万円

子　7,900万円×税率30％－700万円＝1,670万円×2人＝3,340万円

相続税 3,340万円

基礎控除を超えると相続税が課税される

CHAPTER 3
節税を導く仕組みを「見える化」する

図3-5-2) 相続税は財産の加算、減算で計算する

【相続人】子供2人

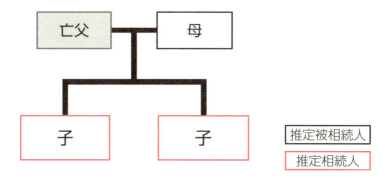

【財　産】

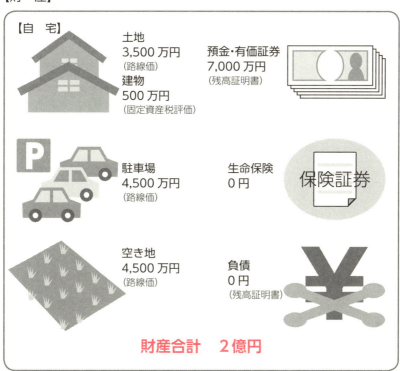

財産合計　2億円

相続税の節税イメージはこうなる

「現金を残しているから相続税は払える。子供たちに迷惑もかからない。文句も出ないでしょう」と言われる方が多いです。

確かに、現金を残していれば相続税は払えるのですが、現金が多いほど相続税も多くなり現金は減ってしまうのです。

相続になって財産が減ってしまうのは残念です。生前に、それぞれの財産につき対策を取ることによって財産を残すことができるのです。そのイメージをお伝えしましょう。

①自宅は同居していれば小規模宅地等の特例を利用できます
②預金7,000万円のうち1,000万円は生命保険に加入、一時払いします
③預金6,000万円で区分マンションを購入、賃貸します
④駐車場には1億円の借入をして賃貸マンションを建築します
⑤空き地は売却し区分マンションを購入します

②～⑤につき、全部を実行すると財産評価は3,360万円となり、①の同居をしなくても基礎控除の範囲内の財産評価に変わります。相続税は0となり、申告も不要になります。

このように生前に対策を取ることで、相続税を減らすことは簡単にできるのです（図3-6）。

CHAPTER 3
節税を導く仕組みを「見える化」する

図 3-6) 節税の基本
相続税の節税イメージを知っておく

【財産】相続人は子供 2 人

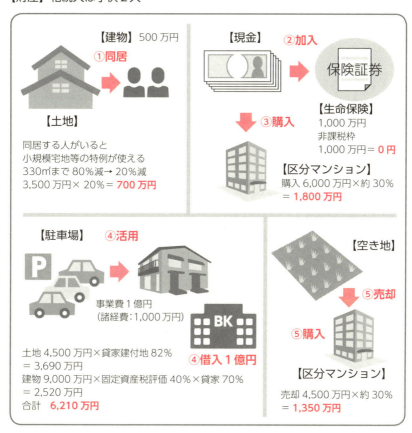

生前に対策を取れば節税は可能になる

不動産対策が効果的

【贈与】不動産を贈与する　現金よりも土地で贈与するほうが有利

◇**より多くの価値を渡せる**

　不動産は時価よりも低い路線価や固定資産税評価で評価されるので、より多くの価値分を贈与できます。都市部の場合、現在の地価はより将来上昇に転じることもあります。そうすると評価の低い時に贈与してもらうほうが得策です。賃貸物件なら、贈与後の家賃収入も贈与を受けた人のものになり、節税効果と利用価値は大きいと言えます。

◇**住宅資金の贈与よりも住宅をもらったほうが得**

　相続税法上の建物の時価は固定資産税評価額、土地は路線価で決まるので、例えば市場での時価が1億円の都心の土地と建物が、評価額は半分以下ということがよくあります。そのため、住宅購入資金として現金を生前贈与してもらうより、親が住宅を購入し、それを贈与してもらったほうが多くの価値を渡せるため得策だと言えます。

◇**相続時精算課税制度を節税対策とするには**

　相続時精算課税制度では、相続財産と合算する贈与財産の価額は贈与時の価額で計算します。相続時に評価が下がる不動産では節税になりませんが、収益物件を贈与するなら節税になります。

　例えば賃貸アパートを持つ親の場合、賃貸アパートを贈与すれば、その後の家賃収入は子供のものとなり、相続財産は増えず、子供は相続税納税資金として収入を蓄えることができます。

　なお、所得の分散効果のため、子供より親のほうの所得が多い場合は、親・子供の所得税を減らすことができます。

【贈与】自宅を配偶者に贈与する　配偶者の特例を活かした節税対策

相続になれば、配偶者の権利は保護されており、財産の半分の権利があります。ただし、生前にも贈与の特例があり、婚姻20年以上の妻に居住用の不動産を贈与しても2,000万円までは贈与税がかかりません。通常の贈与を組み合わせると2,110万円までは贈与税がかからずに財産を受け取ることができます。

登記や取得税がかかりますが、なんら形は変わらずとも、一番手軽で確実に節税できます。贈与する土地と建物が2,110万円を超える場合は、評価に応じて持分を贈与するようにします。

【建物】現金を建物に替える　自己資金で建てると節税になる

◇建物は固定資産税評価額となり半分以下の評価になる

建物は、相続の時には実際にかかった建築費用ではなく、固定資産税評価額で評価をされます。固定資産税評価額は一般的には、評価額は土地については時価の60〜70%（公示価格の70%）、建物については建築費の50〜70%ぐらいだとされていますが、現実の評価はこの割合以下のことが多く、建築費の半分以下になることが通常です。

◇建物は「親の現金」「親名義で建てる」ことが原則で節税になる

二世帯住宅を建てる際など、親の土地に子供名義で建ててしまうと親の節税になりません。節税対策という点では、現金の余裕がある場合は、建物代金に使うことで節税になります。

◇賃貸住宅に使うとさらに評価は70%になる

建物を賃貸していれば、貸家となり、借家権割合30%を引くようにします。そのため、固定資産税評価額の70%として評価されることになります。よって賃貸住宅の建築代金につき、借入ではなく現金で支払うとすれば大きな節税となります。

【購入】資産は現金より不動産で持つ　現金で賃貸不動産を購入する

◇現金より不動産で持つほうが節税には有利
「賃貸不動産を購入すること」が節税するには、効果的な方法です。現金を不動産に替えることによって評価が下がります。

◇現金1億円で賃貸マンションを購入すると評価は半分以下になる
　土地5,000万円・建物5,000万円、計1億円でマンションを購入し、賃貸した場合の相続税評価額は以下のようになります。
（1）建物評価額　購入価額の40％が固定資産税評価額になる
（2）土地評価額　路線価評価80％となり、貸家建付地約80％に
（3）建物28％・土地64％　⇒　評価4600万円,46％

【資産組替】相続した土地を守るより価値を上げて残す

◇土地を売却して建物に替える
　多くの土地や大きな土地を所有する場合、そのままでは節税対策はできません。土地を売却して、売却代金で建物を建てたり、賃貸マンションを購入したりして、収益が上がる不動産にすることで節税になります。古アパートで賃料が安く、収益が上がらなくなった場合は、売却して駅近郊の収益物件を購入することで収益も改善されます。

◇所有地の立地を替えるために買い替え
　所有している土地が賃貸事業に適していないこともあります。賃貸にするのであれば、最寄り駅からの距離が徒歩10分程度であることが第一条件です。周辺の住環境なども重要になりますが、所有地だけにそうした条件は今から選べません。賃貸事業をするのであれば、適地であるかそうでないかを冷静に判断し、適さないとわかれば、その土地を売却して、別の方法で賃貸事業をするようにします。賃貸するのであれば、最寄り駅から近いことや周辺の環境や立地のブランドなどを選択基準とすると賃貸や売却にも有利になります。

【活用】賃貸住宅を建てて賃貸事業をする　残す土地は活用する

◇アパートを建てたら大きな節税になる理由

　所有する土地が賃貸事業に適していると判断された場合は、賃貸事業の収支計画が成り立つことを確認したうえで、アパートやマンションを建築することで相続税は確実に大きく節税できます。多くの土地を所有する場合は、土地を活かして節税対策をすることが必要になりますので、土地を活かした賃貸事業は有力な選択肢と言えます。

　所有地にアパートを建てると、①建てる土地の評価は、「貸家建付地」評価となります。借地権60％借家権30％だと更地評価から18％を引き、82％の評価として計算します。②賃貸物件を建てる際の借入金は、負債として引くことができます。③建物評価は固定資産税評価額となり、建築費の時価の40％程度の評価となり、賃貸物件の場合は借家権30％を引いた70％評価とします。このような評価の仕方で評価減となるのです。

◇小規模事業用宅地等評価減の特例も

　賃貸事業用地は「小規模宅地等」の特例があり、200㎡までは50％で評価をすることができます。居住用の特例が使えない場合は、賃貸事業を始めておくことも節税になります。ただし、小規模宅地等の特例を適用する場合には賃貸していることが必須になります。空室では適用できないので注意が必要です。

◇賃貸事業は収入の大きな支えとなる

　相続時の節税対策が主目的だとしても、適正な収益が上がる事業としてスタートすることが大切です。賃貸事業は20年30年と長期戦ですので、収支のバランスが取れて安定していることが不可欠です。

　そうした見極めのうえで賃貸事業に取り組むことができれば所有地から適正な収益が上げられ、しかも節税対策にもなり、土地を本来の価値を活かすことができます。

【法人】賃貸経営の会社を作る　資産増を回避する方法になる

◇不動産管理会社で現金増を回避

　賃貸事業が順調に稼働し、家賃が入るようになると、次は所得税がかかりますし、今まで以上に収益が上がれば、現金が財産として残っていくことになります。賃貸マンションを建てた節税効果は確実にあるというものの、増える現金に対して相続税が課税されますので、それも防ぎたいところです。そこで、不動産管理会社を作り、会社に家賃の一部を払うことで現金が増えることを防ぎ、所得税の節税にもなります。また、親族に役員報酬を払うことで、納税資金を貯めることもできるようになります。

◇サブリース方式と管理委託方式がある

　この不動産会社を利用する方法には、自分の持っているアパート・マンション等を一括してその管理会社に貸し付ける方法(サブリース方式)と管理会社にそのアパート・マンション等の管理を任せる方法(管理委託方式)とがあります。「サブリース方式」とは、管理会社に自分のマンションを一括して貸し付け、その後、その管理会社が第三者に貸し付けるという方法です。

　「管理委託方式」とは、不動産管理会社に不動産の管理を任せて管理料を支払うという方法です。

◇所有方式もあるが節税効果は少ない

　「所有方式」とは、土地は個人所有のままで建物だけを会社が所有し、会社が建物オーナーとして第三者に賃貸する方式です。この場合は、建物を会社名義で建てるため、個人の借入はなくなるので、節税対策とすれば土地を同族会社に貸していることの減額のみで効果は少なくなります(図3-7)。

図3-7）不動産を活用してできる対策は多い

●不動産を活用して節税できます

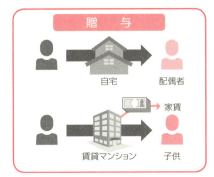
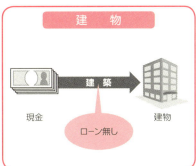

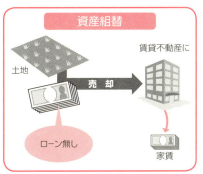
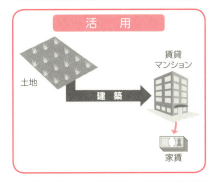
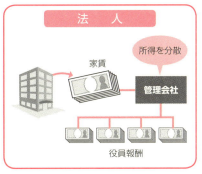

組み合わせで節税効果を高める

CHAPTER 4

相続税を節税した資産家の実例から学ぶ

財産 14 億円超

実例① 5つの対策で節税の成果をあげた佐藤さん

| 相続税 | 6億1,500万円 | ⇒2億4,315万円 | **60.70%減** |

家系図

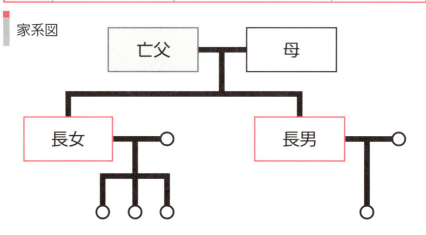

民法上の法定相続分

推定相続人	人　数	割　合
配偶者	なし	なし
子	2人	各1/2

推定被相続人
推定相続人

財産構成グラフ

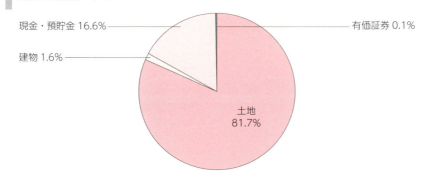

現金・預貯金 16.6%
建物 1.6%
有価証券 0.1%
土地 81.7%

CHAPTER 4
相続税を節税した資産家の実例から学ぶ

相談内容 不動産だけでなく、家賃収入も入るため現金も残っている

　佐藤さんの母親は農家の長男のもとに嫁ぎ、祖父母と同居しながら代々の土地を守ってきました。農地は区画整理されて宅地となり、農家から土地持ちの資産家へと変わらざるを得なかった時代でした。

　数年前に父親が亡くなった時に、母親は相続税の負担がない割合で財産の半分を相続、残る半分は佐藤さんと姉が相続しました。母親の納税はありませんが、佐藤さんと姉には2億円ほどの相続税がかかり、土地の一部を売却して納税するしかありませんでした。

　その後、相続税が改正されて税率も上がったことや母親が80歳を過ぎたことから、いつ相続になってもいいように準備しておきたいとセミナーに参加し、相談に来られました。

■相続プラン1　現状分析と課題

【感情面】姉との合意はできているが、不安もある
姉は資産家に嫁いでおり、不動産はいらないとは言うが確約はない
【経済面】不動産が多いため、相続税も多額で現金はあるが足りない
土地が81.7%あり、明らかにバランスが悪い
【収益力】賃料収入はあるが、収益がない土地も多い
総資産収益力2.64%　賃料収入3,750万円／資産総額14億2,000万円
【対応力】分割金、納税資金不足
6億円以上の現金が必要になると想定されるが不足

○コンサルタントより

　佐藤さんは所有する土地を活かして父親の代から賃貸アパートや駐車場で賃貸事業をされており、法人を作っておられます。母親には父親から相続した現金に加えて毎月家賃が入るため、2億円以上も預金がありました。

　けれどもこのままでは相当な相続税がかかり、今まで貯めてきた2億円の預金も納税のために全部なくなってしまいます。節税するためには資産組替や購入などの不動産対策が必須だと判断しました。

■ 相続力

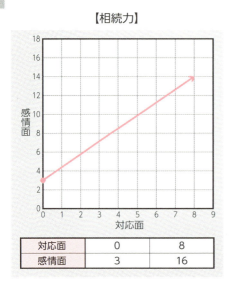

■ **相続プラン2　不動産評価と特例の適用効果の検証**

特例1　地積規模の大きな宅地の評価（駐車場A）　▲1億9,754万円
特例2　地積規模の大きな宅地の評価（駐車場B）　▲1億4,673万円
特例3　小規模宅地等の特例（自宅290.22㎡）　　　▲4,574万円
特例4　小規模宅地等の特例（賃貸24.1㎡）　　　　▲358万円

財産の8割が土地で、500㎡以上で適用できる地積規模の大きな宅地の評価が採用できます。小規模宅地等の特例も組み合わせると大幅な節税効果が得られることが確認できました。

■相続プラン3　対策と節税効果の検証

◇対策1【養子縁組】孫（中学生）と養子縁組　　　5,100万円の節税
　長男の子（中学生・男子）を養子にして相続人を増やす

◇対策2【購入】一棟収益マンション購入　　　　　▲9,910万円
　借入をして1億5,000万円の賃貸マンションを物件購入

◇対策3【生命保険】生命保険加入　　　　　　　　▲1,500万円
　非課税枠（1,500万円）活用のため無告知型の一括払い終身保険加入

◇対策4【贈与】現金贈与　　　　　　　　　　　　▲4,000万円
　長女とその子供（被相続人の孫）に数年に分けて計4,000万円贈与

◇対策5【購入】一棟収益ビル購入　　　　　　　　▲1億3,155万円
　人気エリアの駅近（3分）の一棟収益物件を2億3,000万円で購入

○対策の内容

　相続人が2人と少ないため、内孫と養子縁組をして、相続人を増やすことで節税ができます。孫養子は相続税が二割加算となりますが、それでも節税効果は大です。

　現金が多くあるので、生命保険の非課税分だけ一時払いの保険に加入しました。また、姉には不動産ではなく、現金にて分割予定です。その分を姉の子供に現金贈与するようにしました。大きな節税は不動産対策となります。初めに借入をして一棟マンションを購入、次に現金を活用して事業ビルを購入しました。

　ともに自宅のあるエリアではなく、これからも資産価値の下がりにくい人気の高いエリアに所有されることをお勧めしました。人気の高いエリアで、最寄り駅から徒歩3分にある学習塾に貸している収益物件です。テナントが入ったままで返済の不安がなく、安定した家賃収入が入り、節税効果が生まれました。

- ●対策後財産評価額　約7億3,900万円
- ●相続税　2億4,315万円（孫二割加算後）
- ◇特例
  - 地積規模の大きな宅地の評価＋小規模宅地等の特例
  - ▲3億9,359万円
- ◇各対策と相続税評価減
  - 養子縁組、購入、生命保険、贈与　　　　　▲3億3,665万円
  - 評価減合計　　　　　　　　　　　　　　▲7億3,024万円
- ◇相続税の計算
  - 財産の内訳　　土地　9億8,000万円
  - 　　　　　　　家屋　　　5,035万円
  - 　　　　　　　現金　1億3,250万円
  - その他6,115万円（生前贈与等含む）
  - 借入　　　　　　　　　　　　　　　　　▲4億8,130万円
  - 葬儀費用等　　　　　　　　　　　　　　▲370万円
  - 基礎控除（相続人3人）　　　　　　　　　4,800万円
  - 課税財産　　　　　　　　　　　　　　　6億9,100万円
  - 相続税　　　　　　　　　　　　　　　　2億4,315万円

※相続税の計算の仕方
- 子　　2億3,033万円×45％－2,700万円＝7,664万円
  - （7,664万円×1.2）－未成年控除70万円＝9,126万円
- 計　　（7,664万円×2人）＋9,126万円－贈与税額控除139万円
  - ＝2億4,315万円

◆対策後の相続力判定◆

- 【感情面】家族で対策に取り組み、姉も協力的
- 【経済面】相続税60.46％減　3億7,185万円の節税
- 【収益力】総資産収益力7.98％　賃料収入5,900万円／資産総額7億3,900万円
- 【対応力】納税は現金でできる見込みとなり、大きな不安はなくなった

CHAPTER 4
相続税を節税した資産家の実例から学ぶ

○コンサルタントより

　３年計画で提案し、土地の資産組替を合わせると相続税がゼロにできる計画も立てていましたが、１年経過した時に母親が亡くなり時間切れとなりました。それでも５つの対策を実行して頂いた成果で、相続税は最初の試算からは60.70％減で３億7,000万円以上の節税をすることができ、成功したと言えます。

対策後のイメージ

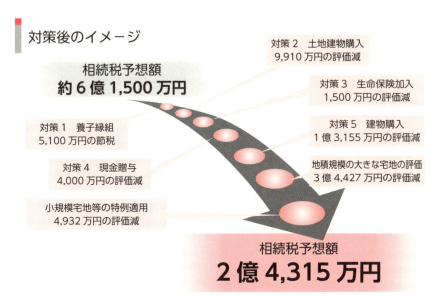

相続税予想額
約６億 1,500 万円

対策１　養子縁組
5,100 万円の節税

対策４　現金贈与
4,000 万円の評価減

小規模宅地等の特例適用
4,932 万円の評価減

対策２　土地建物購入
9,910 万円の評価減

対策３　生命保険加入
1,500 万円の評価減

対策５　建物購入
１億 3,155 万円の評価減

地積規模の大きな宅地の評価
３億 4,427 万円の評価減

相続税予想額
２億 4,315 万円

約３億 7,185 万円の節税！

財産15億円超

実例②　現金を活用して節税対策の成果をあげる鈴木さん

| 相続税 | 5億8,500万円 | ⇒3億4,935万円 | 40.28%減 |

家系図

```
     父 ─────── 母
     │
  ┌──┴──┬──────┐
 長男   二男   三男
```

民法上の法定相続分

推定相続人	人数	割合
配偶者	有	1/2
子	3人	各1/6

推定被相続人
推定相続人

財産構成グラフ

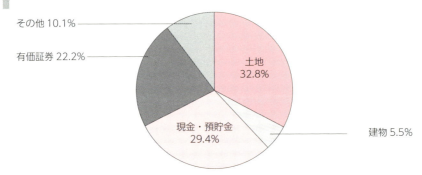

その他 10.1%
有価証券 22.2%
土地 32.8%
現金・預貯金 29.4%
建物 5.5%

CHAPTER 4 相続税を節税した資産家の実例から学ぶ

相談内容 **土地を残しながら対策したい**

　鈴木さんは長男として父親から財産を相続し、代々の土地や家系を守ってこられました。先代から相続した土地は減らさずに守るのが家を継ぐ者の役目と思いながらも、道路の収用などで協力する必要も出てきました。一部は代替地で他市に土地を所有していますが、大部分は希望の代替地が見つからなかったため、預金として所有している現状です。

　早くから土地を活かして企業の社宅として貸したり、店舗に貸したりしていますが、借入の返済も済ませてしまいました。70代半ばになった時、まだ相続は先と思っていたものの、体調を崩して検査入院することがありました。体調が回復して退院した時に、いよいよ本格的な相続対策をしておきたいと相談に来られました。

■相続プラン1　現状分析と課題の確認

　【感情面】家族の合意はできており、もめる要素はない
　長男が同居、家を継承するが、3人の息子それぞれに分ける予定
　【経済面】不動産・預金ともに多く、相続税も多額
　財産は分散保有されているが、相続税が多額
　【収益力】賃料収入があり、収益力は高い
　総資産収益力2.19%　賃料収入3,359万円／資産総額15億3,000万円
　【対応力】分割の方法はある
　分割案は想定できるが、多いため煩わしさあり

■ 相続力

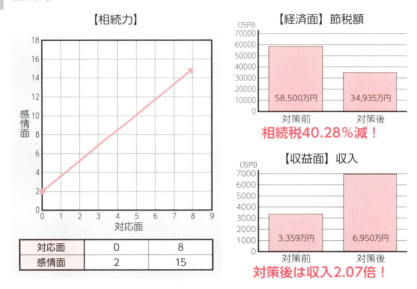

○コンサルタントより

　鈴木さんの財産の大部分は土地です。自宅をはじめ、その周辺に大きな土地が何ヶ所もあります。評価の高い土地は賃貸事業に活用されており、安定した賃料が入っています。相続では、大きな土地は2割程度評価を下げられる可能性があります。それでも何もしないよりは積極的な対策をお勧めしたいところです。しかし、新たに賃貸物件を増やすには不安があるエリアだと判断し、土地活用の提案はしないことにしました。対策の中心は、多すぎる現金の活用となることは明白でした。

CHAPTER 4
相続税を節税した資産家の実例から学ぶ

■**相続プラン2　不動産評価と特例の適用効果の検証**
　特例1　地積規模の大きな宅地の評価4ヶ所　　　▲8,891万円
　特例2　小規模宅地等の特例　　　　　　　　　　▲488万円
　自宅を含め駐車場などの土地が大きく、地積規模の大きな宅地に該当。

■**相続プラン3　対策と節税効果の検証**
　◇対策【購入】収益不動産の購入　　　　　　　　▲約4億円
　　2億円の収益物件を三棟購入し、収益向上と評価減を図りました。

〇対策の内容

　預金と有価証券を活用して、都市圏の収益不動産を購入しました。将来は3人の息子に分けられるように、ほぼ同等のビル三棟を購入することで将来の不安もなく、分割できるようにしました。

●対策後財産評価額　約10億3,700万円
●相続税　約3億4,935万円
　◇特例　地積規模の大きな宅地の評価＋小規模宅地等の特例
　　　　　　　　　　　　　　　　　　　　　　　　▲9,379万円
　◇各対策と相続税評価減
　　収益不動産の購入　　　　　　　　　　　　　　▲4億円
　　　　　評価減合計　　　　　　　　　　　　　　▲4億9,379万円
　◇相続税の計算
　　　　　　　財産の内訳　　　　　　土地　　4億800万円
　　　　　　　　　　　　　　　　　　家屋　　2億8,000万円
　　　　　　　　　　　　　　　　　　現金　　1億9,000万円
　　　　　　　　　　　　　　　　　　その他　　　400万円
　　　　　　　　　　　　　　　　　　名義預金　1億5,500万円
　　　　　　基礎控除（相続人4人）　　　　　5,400万円
　　　　　　課税財産　　　　　　　　　　　9億8,300万円
　　　　　　相続税　　　　　　　　　　　　3億4,935万円

※相続税の計算の仕方
- 妻　　4 億 9,150 万円 × 50％ − 4,200 万円 = 2 億 375 万円
- 子　　1 億 6,383 万円 × 40％ − 1,700 万円 = 4,853 万円 × 3 人
　　　　= 1 億 4,560 万円
- 計　　2 億 375 万円 + 1 億 4,560 万円 = 3 億 4,935 万円

◆対策後の相続力判定◆

【感情面】家族で対策に取り組み協力的
【経済面】相続税 40.28％減　2 億 3,565 万円の節税
【収益力】総資産収益力 6.70％　賃料収入 6,950 万円 / 資産総額 10 億 3,700 万円
【対応力】納税は現金でできる見込みとなり、不安はなくなった

CHAPTER 4
相続税を節税した資産家の実例から学ぶ

○コンサルタントより

　鈴木さんは代々の土地を守っていきたいという意向が強いため、それを尊重すると自ずと現金、有価証券を活用して賃貸不動産に替える「不動産の購入」が対策のメインとなりました。自宅周辺に同じような不動産をいくつも持つことがリスクになります。離れた立地で購入していくと、現在の所有を維持したままで、全体の収益を上げることができます。将来は3人の子供に分けることを想定して、購入は三棟としました。

対策後のイメージ

財産16億円超

実例③ 土地を活かしながら節税対策の成果をあげる高橋さん

| 相続税 | 6億2,151万円 | ⇒4,803万円 | 92.27%減 |

家系図

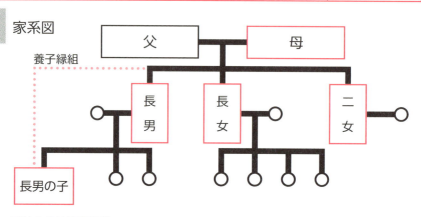

民法上の法定相続分

推定相続人	人 数	割 合
配偶者	有	1/2
子	3人	各1/8
養子	1人	1/8

推定被相続人
推定相続人

財産構成グラフ

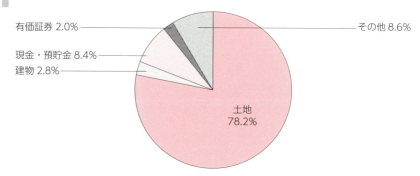

- 有価証券 2.0%
- 現金・預貯金 8.4%
- 建物 2.8%
- 土地 78.2%
- その他 8.6%

CHAPTER 4
相続税を節税した資産家の実例から学ぶ

> **相談内容** 勧められた対策は決断していいか

　高橋さんは土地持ちの資産家です。自宅周辺に10ヶ所以上の土地があり、大部分は駐車場にしています。区画整理などがあり、土地の評価がかなり上がってしまい、相続税が相当な額になると言われています。
　父親が80代になるため、ＪＡより節税対策として9億円で他市の高齢者住宅を購入するように勧められました。1億円は土地を売却して捻出、残りの8億円は融資をするというのです。この対策を進めてよいのか、判断がつかないと親に代わって長男が相談に来られました。

■相続プラン1　現状分析と課題の確認

【感情面】長男が同居、跡取りで合意はできているが不安もある
妹二人は嫁いでおり父親の意向で相続すると言っているが確約はない
【経済面】不動産が多いため、相続税も多額。現金はあるが足りない
土地が78.2％あり、明らかにバランスが悪い
【収益力】ほとんどが駐車場で収益力は低い
総資産収益力5.5％　賃料収入9,140万円／資産総額16億6,000万円
【対応力】納税資金不足
土地がほとんどで納税時には売却するしかない

■ 相続力

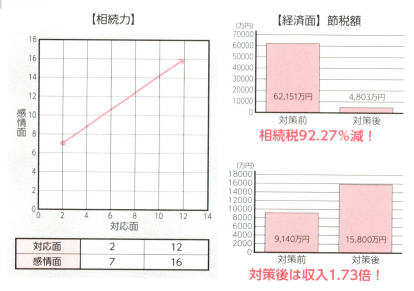

対応面	2	12
感情面	7	16

相続税92.27％減！

対策後は収入1.73倍！

○コンサルタントより

　ＪＡが提案している高齢者住宅の購入は、メリットがないと判断しました。高齢者住宅は他に転用が利かないため、将来は運営がうまくいかなくなる不安があります。それでも立地がよく資産価値があるのであれば保有する方法も出てくると言えますが、勧められている土地は駅から徒歩20分、すでに稼働はしていますので運営会社が利益を出して売りたいことが明らか。資産保有するメリットはないと言えました。それならば、高橋さんが所有する駐車場に賃貸物件を建てて土地活用をするほうがはるかに保有する価値があり、節税効果が高いと判断しました。

CHAPTER 4
相続税を節税した資産家の実例から学ぶ

■相続プラン2　不動産評価と特例の適用効果の検証
特例1　地積規模の大きな宅地の評価（駐車場A）　　▲7,525万円
特例2　小規模宅地等の特例（自宅290.22㎡）　　▲4,574万円
土地は地積規模の大きな宅地評価ができました。

■相続プラン3　対策と節税効果の検証
◇対策1【土地活用】　　▲4億9,015万円
　駐車場Bの土地の有効活用（賃貸マンション建築）
◇対策2【土地活用】　　▲1億8,380万円
　駐車場Cの土地の有効活用（賃貸マンション建築）
◇対策3【土地活用】　　▲4億9,690万円
　駐車場Dの土地の有効活用（賃貸マンション建築）
◇対策4【購入】現金で収益不動産を購入　　▲7,000万円
　現預金のうち1億円で収益不動産を購入（年間収入約500万円増）
◇対策5【資産組替】土地2ヶ所を売却し手残りで資産組替
　　　　　　　　　　　　　　　　　　　　　　▲9,261万円
　駐車場E 8,000万円で売却。6,200万円のうち3,100万円（共有）
　駐車場F 1億3,000万円で売却。手残り1億130万円
　売却資金（1億3,230万円）で資産組替（年間収入約650万円増）
◇対策6【贈与】収益物件を生前贈与　　▲3,969万円
　対策5で購入した収益物件を生前贈与

○対策の内容
　駐車場として維持しているだけでは節税効果が得られないため、大きな土地は土地活用をすることを提案しました。また、駅から遠い土地は売却して資産組替して、借入のいらない対策にしました。

●対策後財産評価 3億345万円
●相続税 4,803万円
　　◇特例　地積規模の大きな宅地の評価　　▲1億2,100万円

◇各対策と相続税評価減
　　土地活用、資産組替、贈与の評価減合計　　　　▲13億7,315万円
　　　　　評価減合計　　　　　　　　　　　　　　▲14億9,415万円
◇相続税の計算
　　　　　対策前の財産　　　　　　　　　　　　　16億6,000万円
　　　　　対策後の財産　　　　　　　　　　　　　3億345万円
　　　　　基礎控除（相続人5人）　　　　　　　　　6,000万円
　　　　　課税財産　　　　　　　　　　　　　　　2億4,345万円
　　　　　相続税　　　　　　　　　　　　　　　　4,803万円
※相続税の計算の仕方
　　配偶者　　1億2172.5万円×40％－1,700万円
　　　　　　＝3,169万円
　　子　　　　（3,043万円×20％－200）×4人
　　　　　　＝1,634万円
　　計　　　　3,169万円＋1,634万円＝4,803万円

◆対策後の相続力判定◆

【感情面】家業を引き継ぐ長男を中心として節税対策を検討している。他の兄弟も長男がある程度の財産を引き継ぐことには理解しており協力態勢が整っている
【経済面】相続税92.27％減　5億7,347万円の節税
【収益力】総資産収益力52.06％
賃料収入1億5,800万円／資産総額3億345万円
【対応力】現金で納税できる見込みとなり不安はない

CHAPTER 4 相続税を節税した資産家の実例から学ぶ

■ 対策後の節税イメージ

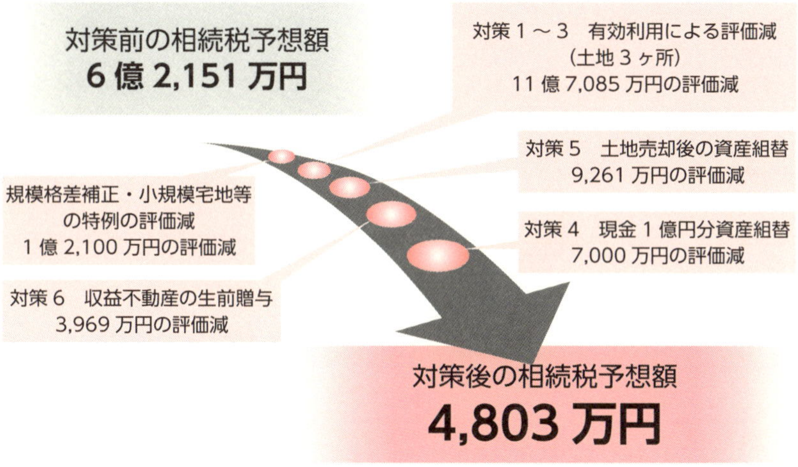

対策前の相続税予想額
6億2,151万円

対策1～3　有効利用による評価減
（土地3ヶ所）
11億7,085万円の評価減

対策5　土地売却後の資産組替
9,261万円の評価減

規模格差補正・小規模宅地等
の特例の評価減
1億2,100万円の評価減

対策4　現金1億円分資産組替
7,000万円の評価減

対策6　収益不動産の生前贈与
3,969万円の評価減

対策後の相続税予想額
4,803万円

5億7,348万円の節税！

○コンサルタントより

　ＪＡが勧めるままに既存の高齢者住宅を購入していた場合、駅に近い優良な土地が減り、資産価値の高くない土地が増えることになります。9億円の借入が必要になり、それでもまだ相続税はかかります。高橋さんの財産を見直し、将来的な価値も考えて残す土地は活用していく必要がありました。建築費の借入が多くなりますが、賃料収入から返済できるバランスが取れており、大きな不安はありません。

財産 17 億円超

実例④ 積極的な資産組替で収益を増やす田中さん

相続税	7億2,200万円	⇒1億450万円	**85.52%減**

家系図

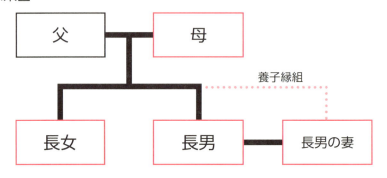

民法上の法定相続分

推定相続人	人数	割合
配偶者	有	1/2
子	2人	各1/6
養子	1人	1/6

推定被相続人
推定相続人

財産構成グラフ

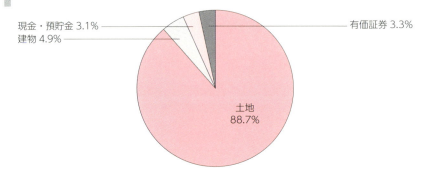

現金・預貯金 3.1%
建物 4.9%
有価証券 3.3%
土地 88.7%

CHAPTER 4
相続税を節税した資産家の実例から学ぶ

相談内容 8億円借りて高齢者住宅を建てる契約目前だった

　田中さんの父親は農家の長男として先代から20ヶ所ほどの土地を相続して維持してきました。先代までは農家として自宅周辺にある畑を耕作していましたが、区画整理が始まり所有する農地はすべて宅地となり、土地だけで30億円以上の評価に跳ね上がりました。

　相続税の節税のためにとＪＡに勧められて賃貸マンションを建てており、借入も残っていますが、広い土地が多く、土地のほとんどはまだ更地です。相続税が改正になってからは、節税対策を頻繁に勧められるようになりました。ハウスメーカーからは建築費8億円で高齢者住宅を建てると節税対策になると提案されており、契約する予定でした。

　それでもまだ不安や迷いがあったと言います。対策を進めることがいいのか判断に迷う部分もあり、また、このまま相続になると維持してきた土地を売っても足りないかもしれないと本を読んだそうです。その後、セミナーにも参加して、相談に来られたのでした。

■相続プラン1　現状分析と課題の確認

【感情面】　2人姉弟で長男が跡取り
長男に財産が集中するため、姉から不満が出るかもしれない
【経済面】不動産が多いため、相続税も多額で現金はあるが足りない
土地が81.7％あり、明らかにバランスが悪い
【収益力】賃料収入があるが収益力は低い
総資産収益力3.16％　　賃料収入5,700万円／資産総額18億円
【対応力】納税資金が決定的に不足している
相続になれば土地を売って捻出するしかない

相続力

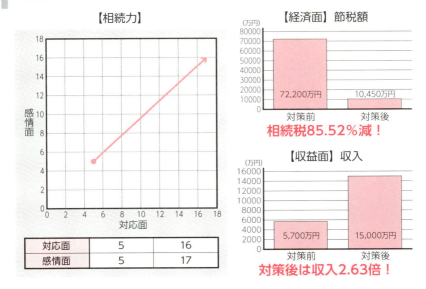

対応面	5	16
感情面	5	17

相続税85.52％減！

対策後は収入2.63倍！

○コンサルタントより

　かなりの土地を所有されているが、収益力が低い地域のため、このまま維持するのは負担だと判断しました。すでに借入をして賃貸マンションを建てているため、同じエリアに同様の賃貸物件を増やすことはリスクが高いと言えるため、資産組替が妥当だと判断しました。

相続税を節税した資産家の実例から学ぶ

■ **相続プラン2　特例の適用効果の検証**
　特例1　地積規模の大きな宅地の評価（月極駐車場）　▲9,385万円
　特例2　地積規模の大きな宅地の評価（コイン駐車場）　▲5,894万円
　特例3　地積規模の大きな宅地の評価（マンション敷地）▲2,758万円
　特例4　小規模宅地等の特例　　　　　　　　　　　　▲4,693万円
　財産の8割が土地で、500㎡以上で適用できる地積規模の大きな宅地評価が採用できます。小規模宅地等の特例も組み合わせると節税効果が得られることが確認できました。

■ **相続プラン3　対策と節税効果の検証**
　◇対策1【資産組替】土地購入　　　　　　　　　▲1億3,600万円
　　所有の農地を売却して、その代金で都心の土地を購入
　◇対策2【購入】一棟ビル購入　　　　　　　　　▲3億1,500万円
　　融資を受けて都市圏のテナントビルを購入
　◇対策3【購入】土地購入　　　　　　　　　　　▲2億円
　　融資を受けて都心の土地を購入
　◇対策4【土地活用】賃貸物件を建築　　　　　　▲1億8,700万円
　　購入した対策1の土地の上に建物を計画。計画中に認可保育園の入居が決まり20年間の賃貸
　◇対策5【土地活用】賃貸物件を建築　　　　　　▲1億8,700万円
　　購入した対策3の土地に融資を受けてテナントビル建築
　◇対策6【資産組替】駐車場売却・区分マンションに組替
　　　　　　　　　　　　　　　　　　　　　　　▲8,700万円

○ **対策の内容**
　1000坪の畑を売却して、資産組替をしました。立地を変えるため、都心の土地を購入して活用し、認可保育園に賃貸しました。さらに借入をして主要都市の最寄り駅に近い収益ビルを購入しました。次に都内の土地を購入、賃貸マンションを建築しています。

- ●対策後財産評価額　4億6,070万円
- ●相続税　1億450万円
  - ◇特例　規模格差補正＋小規模宅地等の特例
    - ▲2億2,730万円
  - ◇各対策と相続税評価減
    - 購入、活用、資産組替　評価減合計　　　▲11億1,200万円
    - 　　　　　　評価減合計　　　　　　　　▲13億3,930万円
  - ◇相続税の計算
    - 対策前の財産　　　　　　　　　　　　　　　　18億円
    - 対策後の財産　　　　　　　　　　　　　　　4億6,070万円
    - 基礎控除（相続人4人）　　　　　　　　　　　　5,400万円
    - 課税財産　　　　　　　　　　　　　　　　　　4億670万円
    - 相続税　　　　　　　　　　　　　　　　　　　1億450万円

※相続税の計算の仕方
- 配偶者　4億670万円÷2＝2億335万円
  - 2億335万円×45％－2,700万円＝6,450万円
- 子　　　（4億670万円－2億335万円）÷3人＝6,778万円
  - （6,778万円×30％－700万円）×3人＝4,000万円
- 計　　　6,450万円＋4,000万円＝1億450万円

◆対策後の相続力判定◆

【感情面】対策は家族の合意により、理解を得ている
【経済面】相続税85.52％減　6億1,750万円の節税
【収益力】総資産収益力32.55％　賃料収入1億5,000万円／資産総額4億6,070万円
【対応力】納税は現金でできる見込みとなり、不安はなくなった

CHAPTER 4
相続税を節税した資産家の実例から学ぶ

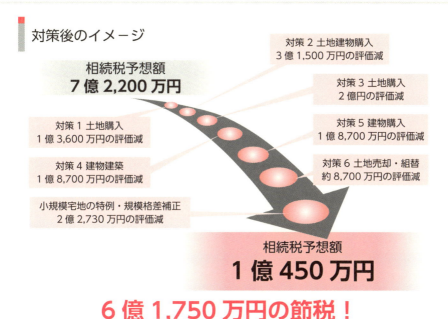

6億1,750万円の節税！

○コンサルタントから

　田中さんご夫婦の決断は早く、まずは8億円の高齢者住宅の建設は断りました。同じ立地に多額の借入をするデメリットのほうが大きいと理解されたのです。父親の理解を得て建設予定地は売却し、その代金を原資として、資産組替や購入が進みました。次世代を担う田中さんご夫婦の決断があってこそ、所有者の父親も説得できると言えます。この決断により相続税が大幅に節税できて、収益力が何倍にもなりました。

　先祖代々の土地を守るだけでは相続税の納税のために売却するしかなく、結果、資産が減ってしまいます。しかし、同じ立地にある土地全部を活用するには無理があり、不安が大きいと言えます。こうした状況を変えるには、立地を変える資産組替をする方法が対策の優先順位となります。そうして、資産組替をすることで優良資産を持つことができ、相続も乗り切れます。

財産24億円超

実例⑤ 土地を残しながら節税対策の成果をあげる伊藤さん

| 相続税 | 11億2,158万円 | ⇒3億3,699万円 | **69.95%減** |

家系図

```
        父 ─── 亡母
        │
   ┌────┴────────────┐
  長男 ─── ○         長女
   │
 ┌─┴──────────┐
長男の子      長男の子      ○
養子縁組      養子縁組      │
                            ○
```

※基礎控除は3人

推定被相続人
推定相続人

民法上の法定相続分

推定相続人	人数	割合
子	2人	各1/4
養子	2人	各1/4

財産構成グラフ

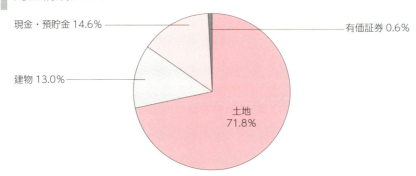

現金・預貯金 14.6%
建物 13.0%
土地 71.8%
有価証券 0.6%

CHAPTER 4
相続税を節税した資産家の実例から学ぶ

相談内容 農家で土地が財産だが、これからどうすればいいか

　伊藤さんの父親は、夫婦で農業をしながら、少しずつ土地を増やしてきました。自宅周辺だけでなく、隣接市の農地も購入し、車で通いながら耕作してきたということです。

　平成の初めになると土地の高騰が著しく、税金の負担が増えてきたので、農地は2ヶ所だけとし、1ヶ所は生産緑地の指定を受けました。他の土地は市へ貸し出し駐輪場や市民農園に利用してもらい、固定資産税の優遇を受けるようにしました。

　また、社宅にしたいという企業にも貸しています。こうした状況で農業を続けてきましたが、倒れて体の自由が利かなくなってしまい、車の運転や耕作をすることが困難になりました。いよいよ今後の相続や財産継承について対策を取りたいが、どのようにすればいいかと長男が相談に来られました。

■相続プラン1　現状分析と課題の確認

　【感情面】同居する長男が不動産も守ることになる
　伊藤さんの姉とは暗黙の了解ができているはずだが不安もある
　【経済面】不動産が多いため相続税も多額　現金はあるが足りない
　土地が71.8％あり明らかにバランスが悪い
　【収益力】賃料収入があり収益力は高い
　総資産収益力4.15％　賃料収入1億300万円／資産総額24億8,000万円
　【対応力】分割金、納税資金不足
　納税すると預金がすべてなくなり、不安が大きい

相続力

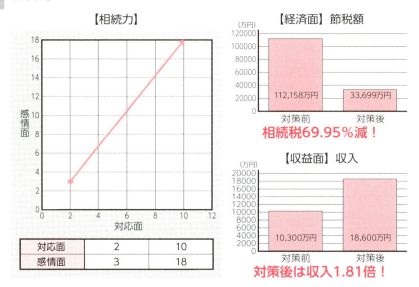

対応面	2	10
感情面	3	18

○コンサルタントより

　伊藤さんの父親は農業だけでなく、早い時期から賃貸事業もされています。所有地を活かして企業の社宅などに貸しており、賃貸事業は安定しており、大きな不安はありません。しかし、まだ駐車場や貸農園など大きな土地が更地の状態です。このままでは多額の相続税がかかることが予想されます。

　農家であれば納税猶予が選択肢ですが、伊藤さんの父親の所有地はすべて市街化区域内農地の宅地です。また伊藤さん自身も妹も農家を続ける意思がないため、納税猶予の選択肢はありません。そうなると、さらに積極的な対策をしないと納税のために預金をすべて充当しないと足りない状況と言えました。

CHAPTER 4
相続税を節税した資産家の実例から学ぶ

■**相続プラン2　不動産評価と特例の適用効果の検証**

特例1　地積規模の大きな宅地の評価（マンションA～C）
　　　　　　　　　　　　　　　　　　　　　▲1億7,300万円
特例2　地積規模の大きな宅地の評価（資材置き場）　▲8,900万円
特例3　地積規模の大きな宅地の評価（テナントビル）　▲9,600万円
特例4　地積規模の大きな宅地の評価（スーパー）　▲7,500万円
特例5　小規模宅地等の特例　　　　　　　　　　　▲7,300万円

　財産の8割が土地で、500㎡以上で適用できる地積規模の大きな宅地評価が採用できます。小規模宅地等の特例も組み合わせると大幅な節税効果が得られることが確認できました。

■**相続プラン3　対策と節税効果の検証**

　◇対策1【土地活用】賃貸建築　　　　　　　▲2億6,000万円
　　駐車場に賃貸マンションを建てて相続税評価を減らし、収益を上げた
　◇対策2【土地活用】農地に老人ホーム　　　▲3億4,000万円
　　収入のない農地に老人ホームを建てて相続税評価を減らし、収益を上げた
　◇対策3【購入】一棟ビル購入　　　　　　　▲4億円
　　預金を解約、都内のテナントビルを購入した

○対策の内容

　所有地はいずれも立地がよいので、保有されることを前提にした対策としました。2ヶ所とも最寄り駅に近く賃貸需要はあるものの、同じ賃貸住宅では競合するため、ひとつは高齢者住宅としました。高齢者住宅は30年の一括借り上げで、空室の不安はありません。また、最寄り駅徒歩3分駐車場には賃貸マンションが適切だと判断しました。さらに、預金を解約してテナントビルも購入しました。

- ●対策後財産評価　10億8,600万円
- ●相続税3億3,699万円
- ◇特例　地積規模の大きな宅地の評価＋小規模宅地等の特例

　　　　　　　　　　　　　　　　　　　　　　　▲5億600万円
- ◇各対策と相続税評価減

　　購入、活用、資産組替　評価減合計　　　　　▲10億円

　　対策の評価減合計　　　　　　　　　　　　　▲15億600万円
- ◇相続税の計算

　　　　　　　対策前の財産　　　　　　　24億8,000万円

　　　　　　　対策後の財産　　　　　　　9億7,400万円

　　　　　　　基礎控除（相続人3人）　　　　4,800万円

　　　　　　　課税財産　　　　　　　　　9億2,600万円

　　　　　　　相続税　　　　　　　　　　3億3,699万円

※相続税の計算の仕方

　子　　　9億2,600万円÷3人＝3億866万円

　　　　　（3億866万円×50％－4,200万円）×3人＝3億3,699万円

　計　　　7億8,459万円

相続人は4人だが、実子がある場合は養子1人分だけが基礎控除となる

◆対策後の相続力判定◆

【感情面】対策は姉にも報告しており、理解を得ている

【経済面】相続税69.95％減　7億8,459万円の節税

【収益力】総資産収益力19.09％

賃料収入1億8,600万円/資産総額9億7,400万円

【対応力】納税は現金でできる見込みとなり、不安はなくなった

CHAPTER 4
相続税を節税した資産家の実例から学ぶ

○コンサルタントより

　伊藤さんの父親の所有地がいずれも立地がよいため、土地活用をして維持することをお勧めしました。2ヶ所とも長期のサブリース契約が見込めましたので、大きな不安がなく、取り組んで頂けます。土地活用するには建築費の借入は不可避ですが、安定した家賃収入が得られるように事業内容と収支を組むことで不安は解消できます。

■対策後のイメージ

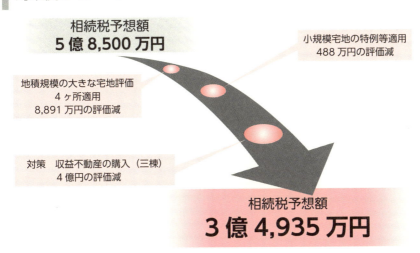

2億3,565万円の節税！

CHAPTER 5

相続税・法人税・所得税を減らす「資産税相続コンサルタント」の強み

日本の相続税の仕組み

　失敗をせず、正しく税金対策を取るにはどうすればいいのでしょうか？　対策の失敗と成功を分けるものは何なのでしょう？　結論は「餅は餅屋」、その道のプロに任せることが何より大事ということです。つまり、資産を持っている方は「資産に関するプロフェッショナル」に相談することが肝心なのです。

　それでは、みなさんがイメージする「資産に関するプロフェッショナル」とは誰でしょうか？　恐らく、みなさんが最初に頭に浮かべるのは「税理士」でしょう。

　しかしながら、多くの方にとって驚くべきことに、「資産に関する税金のプロフェッショナル」＝「税理士」ではありません。むしろ、その誤解があなたの資産を蝕（むしば）むといってよいでしょう。

　確かに、税の専門家である「税理士」は「税金の専門家」であることに間違いありませんし、税金については、通常、誰よりも詳しいはずの国家資格を保有している人です。

　しかしながら、私が多くのお客様からご相談を受けて驚くことは、その知識や経験をお客様の財産を守るために使っている税理士があまりにも少ないことです。

　残念ながら、この国に存在する税理士の多くは、「税の専門家」というよりも、経理業務だけをただただ漫然と行う、「事務屋さん」に終始していることのほうが多いように感じています。

　みなさんが税理士に対して税金の専門家として信頼しているからこそ、その期待に応えようとしない人がいると、大きな損失をお客様に負担させてしまう結果になっているのが現状です。特に、「相続税」などの資産税が絡む分野において、それが顕著です。それは、「相続税」の仕組みが

大きく関わっています。

そこで、まずは日本の相続税の仕組みを簡単に解説しましょう。日本の相続税は、以下の3ステップで計算します。

ステップ1　亡くなった方（被相続人）の財産を集計する

このステップでは、「プラスの財産」と「マイナスの財産」を計算します。現金や金融機関に預けている預貯金に加え、土地であれば路線価、建物であれば固定資産税評価額に基づく価額で評価します。また、株や有価証券などは時価で評価して「プラスの財産」を計算します。このように計算された財産から、借金や葬儀費用を引いて、その方の「正味の財産」を計算します（図5-1）。

もちろん、この「正味の財産」がプラスの方全員が相続税を申告しなければいけないのではなく、「一定」以上の財産の金額を超える人だけに相続税の申告が必要になります。この「一定」の金額のことを基礎控除

図5-1）相続財産を集計

＊死亡保険金・死亡退職金には、それぞれ「法定相続人×500万円」の非課税枠がある

といって、この金額以上に財産がある人だけが相続税の申告が必要になってきます。

「正味財産」がこの金額に満たない人は、相続税に関してはこれ以上何もする必要がありません。預貯金や不動産などの名義変更は必要ですが、相続税の申告を税理士に依頼する必要もないのです。

　この基礎控除の金額は、「法律上相続する権利を持った人（法定相続人）の数×600万円＋3,000万円」。

　仮に相続人が配偶者と子供2人の場合は、3人×600万円＋3,000万円＝4,800万円となり、正味の財産が4,800万円を超える場合のみ次のステップに進んで相続税の申告が必要になります。この場合、4,800万円以下の正味財産の場合は、何らの相続税の手続きを取る必要はありません。

ステップ2　法定相続分で遺産分割したと仮定して相続税額を計算する

　日本の相続税の特殊な部分は、このステップ2です。このステップは、ステップ1で計算された「正味の財産」から「基礎控除」を差し引いた「課税遺産総額」がプラスの場合、この金額を法定相続分で割ったと仮定して相続税を計算するステップです。

　なお、法定相続分というのは「民法で定められた相続する権利の割合」のことで、図5-2のとおりとなっています。

　例えば、正味の財産（プラスの財産－マイナスの財産）から基礎控除を引いた「課税遺産総額」が1億円だった時、法定相続人が配偶者と子供2人（長男・長女）の合計3人だった場合、次のように計算します。

《配偶者》　1億円×1/2＝5,000万円
《長男》　　1億円×1/4＝2,500万円
《長女》　　1億円×1/4＝2,500万円

CHAPTER 5
相続税・法人税・所得税を減らす「資産税相続コンサルタント」の強み

図 5-2）法定相続人と法定相続分

相続順位	法定相続人と法定相続分			
子供がいる場合 （第1順位）	配偶者	1/2	子供	1/2を 人数で分けます
子供がおらず 父母がいる場合 （第2順位）	配偶者	2/3	父母等	1/3を 人数で分けます
子供と父母がともに おらず、兄弟がいる 場合（第3順位）	配偶者	3/4	兄弟姉妹	1/4を 人数で分けます

代襲相続（だいしゅうそうぞく）　相続人となるべき子供や兄弟姉妹が相続開始前に死亡している時は、孫や甥・姪が代わって相続することができます。

このように法定相続分に基づいて按分（あんぶん）すると、図5-3の「相続税率表」に従って相続税を計算し、全体の相続税額を計算します。

ここでは、実際の遺産分割の割合を考慮しないことがポイントです。つまり、相続税率表に沿って、以下のように計算します。

《配偶者》　5,000万円 × 20% − 200万円 = 800万円
《長男》　　2,500万円 × 15% − 50万円　= 325万円
《長女》　　2,500万円 × 15% − 50万円　= 325万円

この結果、この3人の合計額、1,450万円（800万円 + 325万円 + 325万円）が、今回の相続で相続人全員が負担することになる相続税の合計額になります。

もちろん、これで終わりではありません。次のステップで、この相続税の合計額から、相続人ごとの負担額を出していかなければいけません。

図 5-3）法定相続分に基づいた按分

【相続税率表】

相続財産の法定相続分		税率	控除額
	1,000万円以下	10%	―
1,000万円超	3,000万円以下	15%	50万円
3,000万円超	5,000万円以下	20%	200万円
5,000万円超	1億円以下	30%	700万円
1億円超	2億円以下	40%	1,700万円
2億円超	3億円以下	45%	2,700万円
3億円超	6億円以下	50%	4,200万円
6億円超		55%	7,200万円

ステップ3　相続税の合計額を実際の遺産分割割合で按分し、最終調整する

　最後に、ステップ2で計算した相続税の合計額を、実際の遺産分割の割合で按分します。つまり、仮に相続人全員の協議の結果、跡取りの長男が半分の財産を相続し、残りの財産を配偶者と長女が半分ずつ、つまり4分の1ずつ相続した場合、このように計算します。

《配偶者》　1,450万円×1/4 ＝ 362.5万円
《長男》　　1,450万円×1/2 ＝ 725万円
《長女》　　1,450万円×1/4 ＝ 362.5万円

　このように相続税の負担関係が決まるのですが、これで終わりでもありません。
　最後の最後に、亡くなった方との関係を考慮して、相続税の負担額を調整します。亡くなった方と関係の深い配偶者には税負担を軽く、本人と関係の浅い2親等以上離れた人は相続税の負担が重くなるように調整していきます。
　具体的には、配偶者の場合には①法定相続分または②1億6,000万円のいずれか多い金額までは相続税がかからない「配偶者の税額軽減」という措置を用意しています。
　一方、2親等以上離れた人が相続・遺贈を受けた場合には、計算された相続税額が2割増しになります（二割加算）。

　今回のケースでは配偶者は全体の4分の1しか相続しておらず、法定相続分（2分の1）以下なので、配偶者は相続税がかかりません。
　その結果、このように各自の相続税額が決まります（図5-4）。

《配偶者》　　なし
《長男》　　　725万円
《長女》　　　362.5万円

日本の相続税はこのような仕組みになっているのですが、この相続税の仕組みから相続税対策の本質がわかってきます。

つまり、日本の相続税はステップ1で相続財産の評価が確定してしまうと、ステップ2で家族構成にしたがって一気に相続税の総額を決めてしまうため、あとはその税額の按分にしかすぎないのです。

相続税は財産評価が決まると家族構成で金額が決まるため、財産評価が肝だということなのです。そうすると、相続税対策の基本は「財産評価」をいかに下げるかであって、それが最も重要なのです。

しかし、勘のいい人は「いやいや、ステップ3で配偶者に相続させたら税額が減るって言ってるんだから、配偶者にいっぱい相続させたら相続税の対策になるじゃない？」と思われている方もいらっしゃるのではないかと思います。

図 5-4)
法定相続人と法定相続分

確かに、以下のいずれか多い金額までは配偶者に相続税がかからない配偶者の税額軽減という特例は、それだけ見るととても有利に見えます。

①法定相続分
②1億6,000万円

しかし、残念ながらこの「配偶者の税額軽減」という特例措置は、限度額いっぱいを使うと、最終的に損をしてしまうケースが多いのが実情です。

例えば、旦那さんの相続財産が2億円、奥さんの固有財産が5,000万円で、家族構成が夫婦と子供2人だった場合で、旦那さんが亡くなったとすると、奥さんが旦那さんの財産をどの程度の割合で相続するのが得なのでしょうか？ 限度額いっぱい配偶者の税額軽減を使ったケースと、配偶者の相続の割合を低めに抑えたケース、それぞれの相続税の負担額を見ていきましょう。

①限度額いっぱい配偶者の税額軽減を受けたケース

まず、2億円のうち8割にあたる1億6,000万円を奥さんが相続した場合、旦那さんの相続の時（一次相続時）には、奥さんが相続した1億6,000万円については相続税がかからず、子供が相続した4,000万円だけに相続税がかかります。

その結果、旦那さんが亡くなった時にかかる相続税の総額は540万円で済みます。しかし、この後に奥さんが亡くなる二次相続の際の相続税が問題です。というのも、今回のケースで奥さんが亡くなった時（二次相続時）、相続税がかかる財産はもともと奥さんが持っていた5,000万円に旦那さんから相続した1億6,000万円を加えた財産です。しかも、その時は法定相続人がひとり少ない状態で相続税がかかります。

この結果、二次相続時の相続税は4,704万円となり、一次相続時と二次相続時を合わせた相続税は5,244万円に達するのです（図5-5）。

図 5-5)

相続税額	
一次相続	二次相続
540万円	4,704万円
合計　5,244万円	

②配偶者の相続の割合を低め(2割)に抑えたケース

　一方で、旦那さんの財産のうち配偶者が相続するのを2割だけの4,000万円にとどめた場合、残りの1億6,000万円は子供が相続するため相続税がかかることから、一次相続時には相続税が2,160万円もかかります。

　①と比べても、一次相続時の税額が非常に重くなります。しかし、このあとに奥さんが亡くなる二次相続の際に相続税がかかるのは、もともと奥さんが持っていた5,000万円に、旦那さんから相続した4,000万円を加えた9,000万円だけに相続税がかかるだけですから、二次相続の時の相続税の額は620万円で済みます。

　この場合の一次相続と二次相続の時にかかる相続税の合計額は2,780万円になります（図 5-6)。

図 5-6)

相続税額	
一次相続	二次相続
2,160万円	620万円
合計　2,780万円	

どちらが得か、一目瞭然ですよね？ 2,780万円で済む②のほうが、①の5,244万円よりも2,464万円も相続税の負担が少なく済むわけです。

このように、相続税は一見すると得に見える制度を使ったつもりでも、かえって損をするということが少なくありません。相続税は配偶者の税額軽減措置をどの程度使うかによって大きく税額が異なりますが、多くのケースで限度額いっぱい使えば、かえって損をする結果となるのです。

あなたの近くの「自称専門家」が、1億6,000万円以下は税金がかからないなどと言ったり、そっちのほうが得だからと多くの財産を配偶者に相続させることを勧めたとすると、その人は相続税の仕組みをまったく分かっていない人です。今後、相続のことをその方から聞くのはおやめになることが賢明でしょう。

確かに、配偶者軽減の活用によって一時的に相続税の額は大きく異なるのは事実ですが、二次相続を考えると、相続税を大幅に減らす効果を期待することができる抜本的な対策にならないどころか、むしろ税額を増やす結果となるのです。やはり、相続税で肝になるのは「財産の評価」ということなのですが、相続税の計算においては、実はこの財産評価自体が何よりも難しく、多くのケースでここが原因で相続税の払い過ぎが生じているのが実情です。ここに、相続税が絡むと一気に税金対策の難易度が上がる理由があります。

というのも、通常、税金対策については顧問税理士に依頼するのが一般的ですが、一般の顧問税理士が日々行っている会計業務というのは、お客様から領収書や売上げの資料をお預かりして入力する、いわゆる「簿記」という業務です。日々帳簿をつけた結果として、決算をして、それに基づいて所得税や法人税の税務申告書を作成する仕事が彼らのルーティンワークと言えます。会計顧問を中心とした先生方は、このような「作業」を日々淡々と繰り返しています。このように通常、税理士は会計業務を中心として仕事をしているため、相続税において最も重要な財産評価の知識や経験がなく、対策を講じることができないのです。

ここに、面白いデータがあります。2017年の相続税申告件数は約11万2000件です。一方で、2018年11月時点での日本全国の税理士の数は

7万7756人です。ということは、税理士が1年間に担当する相続税の申告件数は、1人あたり1.4件にすぎないのです。

みなさんもおわかりだと思いますが、1年間に1件程度の仕事を完璧にできる人は多くはありません。1年間に1件ほどしかない仕事に、情熱を注いで全力で取り組む人も極めて少数です。多くの税理士がほとんど相続税の経験を積むことなく、年を重ねることになります。その結果、相続財産の評価を誤ることによって、必要のない相続税を支払わせてしまっているのです。この業界の現実を知らない人にとっては、相続税は税理士によって非常に大きく税額が異なることに驚くと思います。

実は、私が代表を務める税理士法人アレースは、2015年10月に創業したまだまだ新しい事務所ながら、他の税理士が行った相続税の申告をやり直すことで、相続税を取り戻す「相続税の還付業務」を年間120件ほど取り扱っており、この分野では既に日本でもトップクラスの実績を誇っています。そして、これまで我々が手がけた中で最大の還付額は、1件あたり2億3,000万円を超えています。

これほどの過払いがあったのも驚きですが、実はこのケース、もともと払っていた相続税額は2億7,000万円だったのです。ということは、もともと払うべき相続税額は4,000万円だったにもかかわらず、2億3,000万円もの払い過ぎが生じていたのです。このような多額の払い過ぎが生じてしまっているのが、相続税の恐ろしい現実なのです。

しかし、相続税は既に支払っていても、相続が発生してから5年10ヶ月以内であれば、財産評価の見直しを行うことで取り戻すことが可能です。ぜひ、相続が発生してから5年10ヶ月以内で、相続税を払った方がいらっしゃいましたら、相続税の払い過ぎがないかどうかの確認のために、弊社のセカンドオピニオンサービスをご利用ください。

宣伝になりますが、税理士法人アレースがご提供するこのセカンドオピニオンサービスは、相続税が戻ってこなければ一切報酬を頂かない完全成功報酬（還付額の30％＋税）ですので、お気軽にご相談ください。

CHAPTER 5
相続税・法人税・所得税を減らす「資産税相続コンサルタント」の強み

相続税のセカンドオピニオン

1億円超の相続税還付に成功

　ここでは、これまで我々が行ってきた相続税のセカンドオピニオンの内容をいくつかご紹介しましょう。

　まず、我々が初めて1億円を超える相続税の還付に成功したお客様のケースです。この方は、多くの土地を相続された埼玉県南部の地主さんでしたが、我々がこの方の申告をやり直したところ、もともと払っていた1億9,000万円のうち、1億3,000万円もの相続税が戻ってきたのです。

　この方については、「広大地」という評価減の規定を使って多額の相続税を取り戻しました。

　この広大地という評価減の規定は税制改正によって2018年1月1日以降の相続では使えなくなってしまったのですが、相続税は相続が発生した年のルールで計算するため、2017年12月末以前に発生した相続については、まだまだ広大地を使って相続財産の評価の見直しを行うことで、相続税の還付が可能ですので、ここでは広大地についてご説明したいと思います。

　この広大地という評価減の規定は、「戸建住宅としては広すぎる土地」に使われる規定で、広大地に該当すると最大65％も土地の評価額が下がるのですが、この規定の要件が非常に難しいのです。広大地の要件を簡単にまとめると、以下の3つになります。

1．戸建住宅の開発に適した土地であること
2．ひとつの戸建住宅としては広すぎる土地であること
3．土地を戸建住宅として区画割して全体を開発するためには、道路を開設しないと接道しない区画が生じてしまうこと

109

この３つの要件を検討するには、土地について熟知していないと判定が非常に難しいことが、この広大地規定が2017年いっぱいでなくなった原因です。
　つまり、この３つの要件があまりに難しくて、広大地を使いこなせる税理士と広大地がよくわからない税理士との間で、同じ財産の状況でも、あまりにも相続税額に大きな差が出てしまうことから、規定自体をなくすほかなかったのです。逆に言うと、規定自体をなくすしかないほど多くのケースで広大地の使いもれが生じていたということなのです。
　広大地に関しては、会計業務を中心に仕事をされている税理士の場合がほとんどのケースで、資産税専門の税理士でも少なからず、使いもれを生じさせています。

　相続財産に占める土地の割合が高い、いわゆる地主さんと言われる方であれば、払った相続税の５～６割が払い過ぎというケースも少なくありません。
　地主さんの中には賃貸マンションなどの不動産を用いた相続税対策を取っている方は少なくありませんが、いかに有効な相続税対策を取ってきても、最後に相続税に詳しくない税理士に相続税の申告を任せてしまっては、画龍点睛を欠く結果になりかねません。
　不動産を相続された方は、土地評価に詳しくない税理士さんに相続税の申告をお任せすると、多くの財産を失うことになりかねませんので、ぜひ、相続税の申告については、資産税専門の税理士にお任せすることを強くお勧めします。

　東京都北部のオフィスビルを複数お持ちの資産家のケースも同様でした。その方は、我々にご相談を頂く約３年前に相続税を納めていました。ただ、その方が相続した財産は10億円以上あったのですが、負債も多くあり、相続税は2,400万円ほどで済んでいたため、これ以上相続税が減ることはないだろうと考えられていました。
　しかし、我々が相続財産などのチェックを進める中で、もっと評価を

落とすことができるポイントを多数発見し、結果として 2,200 万円以上も相続税が戻ってくることになりました。対策を講じていたので、これ以上は減らないと思っていたのに、もともと払っていた相続税の 9 割ほどが戻ってきたことにとても驚いていらっしゃったのが印象的でした。

このように、とても多くのケースで既に支払った相続税が払い過ぎとなっているのです。

今の日本の状況を考えると、雇用を守るために法人を国内にとどめて、法人税率の引き下げが行われている一方で、多額の財政赤字に苦しむ日本では、財源確保のため個人に対する課税を強化することが至上命題になっています。当然の流れとして、個人にかかる税金である所得税や相続税、消費税の課税強化が進んでいくことはほぼ確実な状況で、今後もますますこの流れが強まるでしょう。

このような環境の中で、財産を守る意識を持たない方は、三代も持たずに財産を失ってしまいます。当然のことながら、脱税は許されるものではありません。しかしながら、私は税金の過払いの現実を目の当たりにして、この国では脱税が起こる以上に、税金を必要以上に支払いすぎていることのほうが多いと感じています。

しかも、その一因に税理士の実力不足や経験不足があるのは、同じ税理士として残念なことです。先祖から受け継がれた大切な財産をきちんと次世代に繋ぐため、ぜひ、「資産に関するプロフェッショナル」の知恵を借りることをお勧めします。

> 評価単位の見直しで既に支払った相続税を減額！

　「資産に関するプロフェッショナル」ができることは、土地の評価減の規定を使って既に払った税金を取り戻すことだけではありません。我々がご提案した相続対策は、これまでも多くのお客様に高く評価して頂いています。そして、これまで我々がお客様にご提案した実例をいくつかご紹介しましょう。

　まずは、相続対策として「評価単位」を変えて大幅に評価を下げた事例です。簡単にできる対策なのですが、意外に知られておらず、きちんと実行できているケースも少ないです。ここでお話しするAさんのケースでもそうでした。

　Aさん（60歳代後半）は埼玉県で多くの不動産を保有するいわゆる地主さんでした。Aさんに限らず、地主さんにとって財産的にも精神的にも、最も負担の重い税金は相続税であるため、その対策のためにAさんもマンションや保育所、倉庫などを保有していました。Aさんはある大きな土地を個人で保有し、その土地の上に隣り合った二棟の倉庫を建てて保有していました。

　通常、相続税を計算するうえで、土地の評価は「利用の単位」で行うことが原則です。すなわち、隣り合った建物も別々に使っている限り、別の評価単位になるのが原則です。つまり、陸続きの土地であっても、利用の単位が異なっている場合、図5-7のように分けて評価することになります。

　ただ、土地の評価単位は「利用の単位」だけで考えるわけではありません。もうひとつの考え方として、「権利の付着の状況」という観点からも考えることになります。

　例えば地続きの土地を一体で使っている場合であっても、親が亡くなった時に、長男と次男が図5-8のとおり遺産分割をして相続した場合、別々に分けて評価することになります。

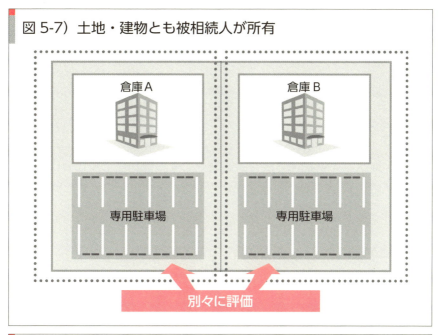

図 5-7）土地・建物とも被相続人が所有

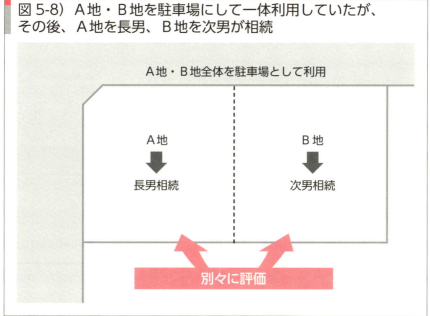

図 5-8）A地・B地を駐車場にして一体利用していたが、その後、A地を長男、B地を次男が相続

反対に土地のうえに複数の建物が建っている場合であっても、その複数の建物の所有者がひとりで土地の所有者からまとめて借りている場合は、図5-9のように土地の評価にあたってはまとめて一体で評価することになっています。

　このように、評価の単位が異なることで土地の評価は大きく異なります。つまり、陸続きのきれいな形の土地であっても、図5-10のように別々の土地として評価する場合にはマンション敷地の土地はいびつな形の土地として評価することになりますので、全体として大きく評価が下がったりします。
　逆に、建物を別々に使っている場合であっても、土地の借り手がまとめて土地を借りている場合には、その別々に使っている土地も、土地の評価にあたってはまとめて一体で評価することになります。
　そして、このようにまとめて評価した場合には、2017年12月末までは「広大地」、2018年1月以降も「地積規模の大きな宅地の評価」という、大きな土地に適用される評価減の規定を使えるチャンスが広がることになるのです。

　今回のAさんの場合、Aさんのお父さんがまとまった大きな土地に2つの建物を建てて賃貸していましたが、この2つの建物を甲社というAさんの同族会社に譲渡してもらいました。こうすることで、Aさんが相続した土地の評価にあたっては、大きな土地をまとめて評価することができます。
　その結果、Aさんはその後の2016年に相続が発生したのですが、我々が評価単位の見直しを行ったことで、全体として「広大地」という大きな土地に適用できる評価減の規定を使うことができ、大幅な相続税の減額が可能になりました。Aさんは、今回の土地以外にも2つほどの土地の評価単位の見直しを行ったことで、実態はほとんど変わらず、7,000万円ほどの相続税の減額を達成しました。

■ 図 5-9）土地は被相続人が個人で所有。
　建物は同一の法人が所有し、賃貸事業を経営

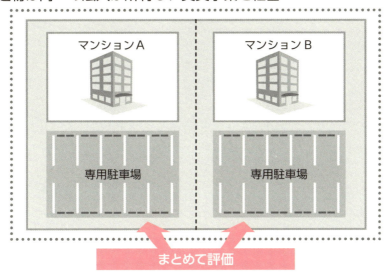

■ 図 5-10）

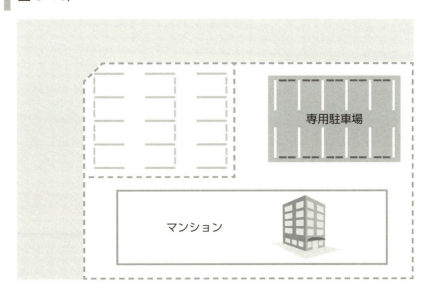

> **同族会社への借金の返済で苦しむＢ社長の悩みを一発で解決！**

　次に、同族会社乙社への返済と所得税の負担に苦しめられていたＢ社長へ我々が行った対策をご紹介しましょう。

　Ｂさん（東京都在住70歳代前半・非上場会社社長）は以前にトラブルにより多額の借金を抱え、その返済をするために同族会社の乙社から約７億円の借金をしていました。この借金を返済するために、Ｂ社長は乙社から毎月1,000万円もの役員報酬を受けて返済に充てていました。
　しかし、役員報酬を毎月1,000万円、年間１億2,000万円ももらうと、所得税が最高税率まで達するため、役員報酬のおよそ半分を所得税で取られ、残りから借金の返済に充てると、ほとんどＢ社長の手元には残りませんでした。
　乙社は非常に業績が好調で、その社長を務めるＢ社長はお付き合いが多く、税金と返済で遊興費も出せないことを悩んでおられました。乙社には大手の税理士事務所が顧問税理士として入っていたのですが、なかなか悩みを解決してくれる策を授けてくれません。そこで、回りに回って我々に相談が来ました。我々が今回のＢ社長を取り巻く状況をヒアリングしていたところ、以下のとおりの状況でした。

１．Ｂ社長は乙社に借金が６億円（借金７億円のうち１億円返済）
２．Ｂ社長には後継者のＣさん（長女）の他に子供が２人（長男と二女）
３．Ｂ社長は乙社の株式を60％保有
４．残りの40％を子供が３人で保有
５．後継者Ｃさんは乙社の商品を販売する会社「丙社」の株式を100％保有

　この状況を整理したうえで、我々はＢ社長の悩みを解決する方法を考え出しました。その方法とは、次のとおりでした。

まず、我々は乙社の株式の評価をし、子供が保有する株式を全株B社長が子供から買い取る形（買取代金の約2億円は子供たちからの借金）にしました。その結果、B社長が保有する乙社の株式の評価はおよそ6億円の評価になりました。

次に、我々はこのB社長が保有する乙社の株式を全株、後継者であるCさんが全株保有する丙社におよそ6億円で売却し、その代金は未払いとしておきました（図5-11）。

そうすると、乙社は丙社の100％子会社になりますが、このような親子会社間については、他の関係では成立しない特例が適用されます。それは、子会社から親会社に支払われる配当金は親会社の利益にしなくてもよいという特例です（親子会社間の配当金の益金不算入）。我々はこの制度を活用しました。

図5-11）

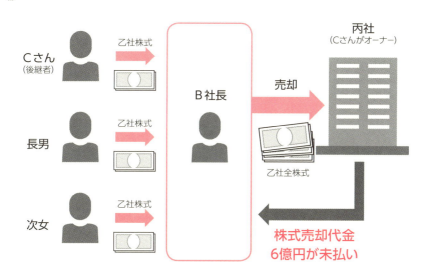

つまり、乙社を丙社の子会社にしたうえで、乙社から丙社に配当金を支払ったのです。乙社は業績が好調な会社であったため、多額の配当金を支払うことが可能でした。そこで、我々は株主総会の決議を経て、乙社から丙社に６億円の配当金を支払うことに決めました。なお、この配当金もこの時点では未払いにしておきました（図5-12）。

こうすると、図5-13のとおり、社長と乙社と丙社の間で約６億円の債権債務関係が成立します。つまり、３者がグー・チョキ・パーのような"あいこ"の状態を作り上げたわけです。そこでしばらくしてから、一気に債権債務を相殺したのです。その結果、Ｂ社長が乙社に負っていた６億円の借金は一瞬で消えたのです。この３つの取引は借金の返済にすぎませんので、税金はかかりません。

今回の取引で唯一税金がかかる取引は、株式の売買にかかる税金だけです。乙社の株式をＢ社長が子供から買い取った時に子供にかかる税金と、Ｂ社長が乙社の株式を丙社に売った時にＢ社長にかかる税金のみです。この時点にかかる税金は「株式の譲渡所得」といい、一律20.315%の税率が適用されます。結果として、この全体のスキームによって、この株式の譲渡差益にかかる譲渡所得税20.315%だけで解決できたのです。

これまで、多額の借金を返済するために、多額の役員報酬を受け取ったことから55.945%の所得税等を負担してきたことを考えると、20.315%の一律税率で済むのです。しかも、長年Ｂ社長を悩ませてきた６億円の借金は一気になくなりました。Ｂ社長はこの対策の結果、随分ご負担が軽減したとのことで、「夢のような提案だった」と喜んで頂きました。

顧問の税理士に相談してもなかなか解決ができない場合であっても、「資産に関するプロフェッショナル」であれば、もしかしたら何かの糸口が見いだせるかもしれません。ぜひ、「資産に関するプロフェッショナル」までご相談ください。

図 5-12)

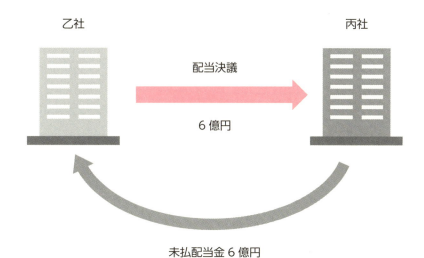

図 5-13) 6億円の債権債務関係を構築

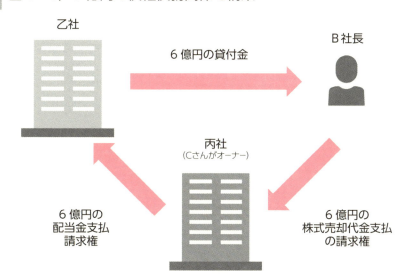

死亡退職金を支払って、あとから相続税を減らす

　先ほどまでの対策と比べると規模は小さいのですが、同族会社から遺族に死亡退職金を支給することで、簡単にあとから相続税を減らした対策をご紹介しましょう。

　Dさん（東京都在住50歳代前半・非上場会社社長）は2年ほど前に丁会社のオーナーのお母様を亡くされ、丁社の全株式と代表取締役社長の立場を引き継がれました。

　非上場会社のオーナーが亡くなった場合、その株式が相続税の対象になります。その際の株式の評価方法の詳細をご説明するのは本書では割愛しますが、その会社にある財産の評価や債務がその会社の株価に影響を与えることになります。なおその際、そのオーナーが亡くなった時にその会社の役員に就かれていた場合、その会社はオーナーの遺族に対し、「死亡退職金」を支払うことができます。

　「死亡退職金」というのは、従業員や経営者が定年になった時にもらえるはずの退職金の一部を、勤続している期間中に死亡したため、本人に代わって遺族に対して支払われる退職金代わりの金銭のことを言います。

　この死亡退職金については、死亡後3年以内に支給が確定したものについては相続税の対象になります。一方で、その支給が確定した退職金については、その会社の債務として計上することができます。

　我々は、D社長から2年前に支払った相続税に過払いがなかったかどうかのセカンドオピニオンの依頼を受けました。相続税の申告内容を確認したところ、相続税に非常に詳しい税理士事務所が申告を行っており、財産評価に精通した我々が見ても、財産の評価はほぼ完ぺきな内容で、手直しするところは見つからない状態でした。

　実は、このようにほぼ完ぺきな財産評価がされているケースはほとんどなく、多くのケースで手直しが可能なのですが、今回ばかりは直すところがないと諦めかけました。

　しかしながら、我々が申告内容について詳細な検討を進めていくと、財

産評価を落として相続税を取り戻すことができるポイントを見つけることができました。それは、オーナーが亡くなったにもかかわらず、その会社は遺族に死亡退職金を支払っていないため、「死亡退職金の非課税枠」が有効活用されていなかったことです。

我々にご相談頂いた時点で、D社長はお母様が亡くなってから2年ほどしか時間が経過していなかったため、丁社はD社長に死亡退職金を支払えば、その死亡退職金は相続税の対象になります。死亡退職金には、死亡保険金とは別に、「法定相続人×500万円」の非課税枠があるため、「法定相続人×500万円」まではもらっても相続税がかかりません。

一方で、法人側からすると、死亡退職金については、支払いが決まった全額が債務として控除することができますので、その分、会社の株価が下がります（図5-14）。これを使って、事後的に取締役会や株主総会を経て、正式にお母様の死亡退職金を丁社からD社長に支払うことで株価の引き下げを行い、結果として200万円ほどの相続税の還付につなげることができました。

図5-14）死亡退職金

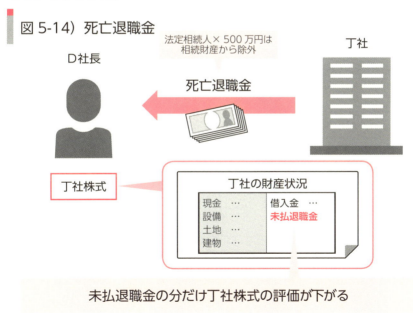

未払退職金の分だけ丁社株式の評価が下がる

なお、「死亡保険金」すなわち、保険をかけている方が亡くなった時に遺族に支払われる生命保険金については、今回の対策でご説明している「死亡退職金」とは別枠に「法定相続人×500万円」の非課税枠が用意されています。この「死亡保険金」はとても簡単にできる相続税対策で、預貯金として持っていても一切の節税効果がないのに対し、預金を一部取り崩して生命保険にするだけで節税になりますので、まだ「相続人の数×500万円」の枠を使い切っていない方は、ぜひ、使うようにしてください。

　これまでお話ししたような税金の対策は、「所得税」や「法人税」「消費税」「相続税」といった個別の税目に詳しければできるというものではありません。もちろん、それらに精通したうえで、それらを含む税制全体や社会保険料など総合的・体系的な理解が必要です。
　そして何より、「お客様に最適な対策」を立案・実行するには、お客様の財産を守るという『志』を持ち、お客様の家族の状況や財産の状況を調べる『調査力』と、その状況に適した対策を検討する『発想力』、その対策による各方面の効果やリスクを測定する『分析力』、お客様に正しい対策をご提案する『提案力』が総合的に問われていると思います。当たり前ですが、税理士の資格があれば当然に税金対策ができるというものではないのです。
　私が代表を務める税理士法人アレースは、この「資産税」（資産に関する税金のことで、具体的には「相続税」や「贈与税」、「譲渡所得税」など）という分野、特にその中でも財産評価のノウハウの強みを活かして、資産家の方に向けて様々な対策を取ってきました。
　しかし、財産を永きにわたって守っていける態勢を整えるのには一定の時間がかかります。また、仮に短期間で効果を出すことはできても、税制改正などもあるため、実施した対策が継続的に効果を発揮してくれるのかどうか、しっかり見守っていくことも必要です。
　そこで弊社では、これまでの対策を体系化し、資産家が永く財産を守ることができるよう、お客様の財産の状況を診断し、財産を守るための

対策を取り、継続的にその効果を見守っていく『財産顧問™』というサービスをご提供しています。

　税金対策は、常に PDCA ［Plan（立案）・Do（実行）・Check（検証）・Action（対策）］を繰り返していくことで、長期にわたって効果を発揮できるようにしていくのが大事なのです。「税金対策は一日にしてならず」です。有効な対策を「資産に関するプロフェッショナル」の監督の下、しっかり取っていくことが肝要です。

CHAPTER 6

相続税・法人税・所得税を節税した資産家の事例から学ぶ

税体系を知った人による節税指導

　日本には非常に多くの税金があり、資産家は特に多くの税金に苦しめられています。
　例えば、個人で多くの所得がある方は所得税に苦しめられ、法人で事業をやっているとその方には法人税が重くのしかかってきます。財産を相続した人は相続税、モノを買ったら消費税、不動産を持ったら固定資産税、不動産の名義を変えたら登録免許税などなど、日本では何でもかんでも税金がかかるのです。
　このような状況の中で、重い税金に苦しめられる多くの資産家が、これまで多くの節税策を試みてきましたが、税金の全体像を知らない人が主導して行うと、ひとつの税金を減らしたつもりでも他の税金で多くかかったり、別の費用、例えば社会保険料や税理士の顧問料などが高くついたり、対策を取ったあとで制度の穴が防がれて効果が出なくなったりと、本当によい結果に結びついているケースは意外に少ないのが実情なのです。
　そこで、やってはいけない「対策の失敗例」と、効果をあげた「対策の成功例」をいくつかご紹介したいと思います。

CHAPTER 6
相続税・法人税・所得税を節税した資産家の事例から学ぶ

もともとダメな対策を取った失敗例

　最近、資産家が税務署から課税逃れを指摘され修正を余儀なくされるケースが増えてきていますが、これはその資産家が専門家に一切相談せず勝手に対策を取った結果というよりも、相談した顧問税理士やコンサルタントなどが税体系を十分に理解していなかったため、後で税務当局から指弾される結果となってしまった方が多いのが実情です。そこで、よく税務当局から指摘されている「やってはいけない対策」をご紹介しましょう。

失敗例① 同族会社に不動産を売却する際の価格設定

　個人の所得税・住民税は、その人の稼ぎが多ければ多いほど税率がドンドン上がり、最高税率は約55.945%まで達する非常に税負担率の重い税金です。そのため、所得税負担を減らすために、稼ぎが多い人は会社を立ち上げて法人で事業を行うことが多いのは、ご存じの方も多いでしょう。

　その場合、会社の稼ぎに「法人税」という税金がかかるのですが、この場合は会社の稼ぎが多くても税率は30%台前半で、ほぼ一律です（利益が800万円以下の部分には軽減税率があります）。この個人の税率と法人の税率の税率差分を、法人に事業利益を移すことによって税金が浮くのです。

　とはいえ、不動産の賃貸業をやっているいわゆる地主さんが、同族会社に不動産の賃貸事業をさせて、それなりの利益を個人から同族会社に移すには、同族会社に不動産（特に建物）を売却することが必要です。この同族会社への不動産の売却価格は「時価」で行う必要があるのですが、

「時価」の算定を間違えてしまい、税務署から指摘されているケースが多くあります。

ここでお話しするお客様は、東京の都市再開発計画地の中にある不動産を保有する地主であり、その土地には近い将来に大型物件が建築されることになっています。今後、時価や賃料収入の大幅な値上がりが予想される場所であったため、そうなる前に同族会社にその当時の「時価」で移そうとされていました。しかし、あまり資産税に詳しくない顧問税理士が、その不動産の「取引価格」を「相続税評価額」で算定することを提案するという大きな間違いを犯していました。

セカンドオピニオンを請われた我々が事前にその間違いに気づいて指摘したため、その方は税務リスクを回避することができました。そうしなければ将来、非常に大きな税務リスクを抱えていたはずです。

その顧問税理士の間違いとは、「売買」で「相続税評価額」を用いようとしたことでした。不動産、特に土地の時価には「一物四価」つまり同

図6-1) 土地の「時価」

実勢価格	実際の取引が成立する価格。売り手と買い手の間で需要と供給が釣り合う価格を言います。取引が行われた場合には、その取引金額が実勢価格になり、取引がない場合には、周辺の取引事例や公的データ(公示価格、固定資産税評価額、路線価など)から推定します。
公示価格	不動産取引の取引指標とされるよう、国土交通省が公示した価格。毎年1月1日時点の市場の需給動向を反映した中立公正な土地価格を不動産鑑定士の鑑定評価に基づいて設定されます。相続税路線価、固定資産税評価の基礎となります。
相続税評価額 (路線価)	国が相続税や贈与税を算定する際の基準となる土地の価格。毎年1月1日時点の、宅地が面する道路(路線)に設定された価格で、当該道路に接面する土地に一律に適用され、標準的な土地価格を前提とします。個々の土地の個別性(間口が狭い、形状が不整形等)を反映した価格ではありません。公示価格の8割程度となるように設定されている。
固定資産税 評価額	各市町村が固定資産税を算定する際の基準となる価格。3年ごとの評価替えで、地価変動の大きい都市部では毎年、時点修正されます。土地の固定資産税評価額は、個々の個別性を反映した価格で、建物の固定資産税評価額は、画一的に減価償却した価額となっています。

じ土地に4つの時価が存在すると言われますが、土地の取引に対してこの4つ時価（実勢価格・公示価格・相続税評価額・固定資産税評価額）のうち、いずれの時価を使うべきかを間違えてしまったのです。各時価の特徴は、図6-1のとおりです。

今回のお客様の件に限らず、不動産についてはどのような取引形態を取るかによって様々な税金が絡み、その際に採用すべき「時価」も変わるため間違いがとても起こりやすい分野なのです。

例えば子供などの親族間で財産を移す場合、無償いわゆる「贈与」という取引形態が用いられるケースが多いです。この「贈与」には「贈与税」がかかるのですが、その贈与税を計算する時に使う財産の「時価」には「相続税評価額」が用いられます。これは、以下のとおりに評価しておけば問題はないということを意味します。

（不動産の相続税評価額）
土地　→　路線価に基づく評価額に土地の形状などを踏まえて各種補正を加えた評価額
建物　→　固定資産税評価額（建築費のおおよそ4～6割程度）

「贈与」の場合、建物の「時価」が固定資産税評価額となっている理由は、以下のとおりです。

贈与税は相続税法の中で規定されているので、贈与税には相続税法の評価の考え方が用いられますが、この相続税法における相続財産の評価方法、すなわち「時価」の算定方法は『財産評価基本通達（以下、「財基通」）』に記載されています。この財基通で、土地の「時価」は路線価に基づく評価に各種補正を加えた価格、建物の時価は「固定資産税評価額」とされているのです（図6-2）。そのため相続と贈与の場合には、建物の評価額は「固定資産税評価額」を用いて問題ありません。

一方で、同族会社とオーナー間の不動産取引では「贈与」が用いられることは通常ありません。この場合、「売買」で財産を移していくことが

図6-2) 時価

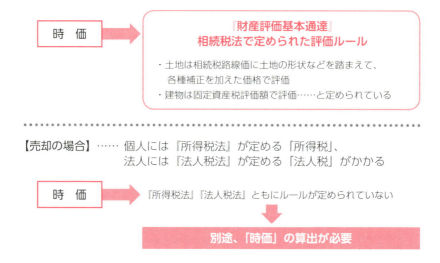

一般的です。

　この売買の際の取引価格も、「時価」で行う必要があるのですが、この売買の時の「時価」に「相続税評価額」（建物の場合は「固定資産税評価額」）を用いることは認められていません。この不動産の売買取引の際の「時価」に「相続税評価額」を使ってしまい、税務署の指摘を受けていることが多いのです。

　この売買の場合には、「時価」は「実勢価格」等を用いる必要がありますので、不動産鑑定士に鑑定を依頼して金額を算定するのが原則ですが、場合によっては相続税評価額を0.8で割り戻したり、固定資産税評価額を0.7で割り戻した金額を用いたりします。取引価格の算定を間違ってしまい、その後の税務調査で否認されることがないよう、特に不動産の法人化にあたっては、各種取引における財産評価に精通した専門家に依頼するようにしてください。

　ただし、この財産評価は会計業務を専門にしている税理士さんは苦手にしているケースが多く、間違えて評価した結果として、後日、税務署

CHAPTER 6
相続税・法人税・所得税を節税した資産家の事例から学ぶ

から否認されるリスクが高くなりますので、法人化にあたっては、資産に関する税金（資産税）に強い税理士に依頼するのがよいでしょう。

> **失敗例②　難しいスキームを使いながら、保険に詳しくない税理士を顧問に入れていた**

　ここでお話しするお客様は、かなり利益率の高い事業会社のオーナーで、保険会社からの提案を受け、数ある生命保険の中でも節税メリットの非常に高い、低解約返戻金型の生命保険を使った節税スキームを積極的に活用していました。

　低解約返戻金型の生命保険とは、一定の期間は解約返戻金の金額が低く抑えられ、その期間が終わると解約返戻金が急激に増加するように設計された生命保険の一種のことですが、これを使った「同族会社からオーナーへの財産移転」が数多く行われています。

　このスキームは、財産評価のルール上、生命保険契約の「時価」は「解約返戻金」とされていることを活用し、解約返戻金の金額が低く抑えられている時に、その低い解約返戻金で保険を評価して、会社からオーナーに売却し、解約返戻金が高く戻ったあとに、オーナーがその保険を解約することで多額の現金をオーナーに低税率で移すことができる仕組みでした。つまり、同族会社で経費を計上しながら、会社からオーナーに低税率で財産を移転する手段として用いられています。

　このようなスキームは税務上のメリットが確かに大きいのですが、同族会社が翌年には解約返戻金が格段に上昇するような保険を、その当時の解約返戻金でオーナーに移転する理由の説明を税務署から求められることがあります。そして、十分な説明を行うことができないと、オーナーに移した際に「時価よりも安く譲渡したのだから役員報酬だ」と高い所得税を課税されたり、同族会社とオーナーとの間で行われた保険を譲渡する取引自体が否認されて、税務メリットが完全に消滅することもありえます。

　この低解約返戻金型の保険を使ったスキームの最も大きな課題は、「同

族会社がなぜオーナーに低い解約返戻金で譲渡する必要があったのか、その『経済合理性』をどのように説明するか」です。

　これまでのところ、税務署がこのスキームを実際に否認してきた事例は聞いたことがありませんが、税務調査の中で厳しく追及され、顧問税理士が修正申告に応じるように言ってくるケースは多くあります。解約返戻金が低い期間中に、オーナーに名義を変更する必要性を十分に説明できるようにしておくか、このような複雑なスキームの税務調査にも対応できる税理士を入れておくことが大事なのです。

　この方の失敗は、このような税務署から指摘されやすいスキームを使っているにもかかわらず、経理処理だけをただ淡々と処理する税理士を顧問に入れていたことでした。保険などの金融商品や不動産は非常に難しいものですが、それに伴う税務リスクを十分に理解した上で対策を取っていく必要があります。

　しかし、残念ながら多くの税理士にとって、不動産や保険というのはあまりに自分の仕事（一般的な経理処理と税務処理）とかけ離れたものであるが故に、まったく理解できていない、またはわからないからそれらを使った対策を反対するケースが多くあります。節税対策に知識や意識を持たない専門家や、よくわからないから反対するような専門家はあてになりません。不動産や保険の複雑なスキームに付随する税務リスクについて、複雑なスキームを理解した上で対応ができる「資産に関するプロフェッショナル」を探すことが大事です。

CHAPTER 6
相続税・法人税・所得税を節税した資産家の事例から学ぶ

対策を取った時は効果があったが、その後効果が出なくなった失敗例

　他にも、その時には有効な節税手法としてコンサルタントから提案を受け、税理士にも相談しながら実行したものの、多額の報酬を払ったにもかかわらず、その後に法改正が行われ税金対策としての効果が出なくなったり、弊害だけが残るケースも少なくありません。

失敗例③　「一般社団法人」を使った相続税対策

　少し前まで、「一般社団法人」を使った相続税対策がよく取られてきました。この相続税対策は、一般社団法人の特徴を利用した次のようなものです。

一般社団法人の特徴
1．簡単に設立できる
2．出資持分がない

　特に2つ目の「出資持分がない」ことから、親から法人を引き継いでも相続税の課税対象にはならないとされてきました。つまり、「一度、一般社団法人に資産を移してしまえば永久に相続税がかからない」という考え方があり、一般社団法人を使った相続税対策が広まったのです。
　これまで、一般社団法人を使った相続税対策は、次のような方法で行われてきました。
　親が一般社団法人を設立して収益物件や自社株式などの資産を移すと、その時に贈与税や譲渡所得税などの税金が課税されるのですが、資産が個人の財産から切り離されます。その後、親が死亡した時は、一般社団

法人のオーナーを親から子供に交代して一般社団法人を子供が引き継ぐと、子供は法人とともに法人の資産を引き継ぐことができます。子が死亡した時も同様にして孫に財産を引き継がせることができます。この相続の時、一般社団法人には持分がないため、相続税は課税されないというものでした。

つまり、一度財産を親から一般社団法人に移転する時に税金を払ってしまえば、その後は相続税を負担せずに何代にもわたって資産を承継することができると考えられ、相続税対策として採用されてきたのです。

しかし、相続税理論からすると課税当局が一般社団法人に対して課税することはもともと可能であったという見解もあり、この対策は当初から大きなリスクのある方法でした。それに加えて、2018年の税制改正ではこのような相続税対策にハッキリとＮＯが突きつけられたのです。

一般社団法人を親族で支配している場合は相続税が課税されることになり、個人から一般社団法人に資産を移転する時の課税規定が明確になりました。つまり、次の要件のいずれかにあてはまる一般社団法人（一般財団法人も含む）の理事が死亡した時は、一般社団法人に相続税が課税されることになったのです（法人に相続税がかかるというのに違和感を感じる方もいるかもしれませんが……）。

1．相続の直前で、役員に占める同族役員の割合が1/2を超える
2．相続の前の5年間で、役員に占める同族役員の割合が1/2を超える期間が合計3年以上あった

なお、過去5年以内に理事であった人が死亡した場合も同様に一般社団法人に相続税が課税されます。しかし、相続税対策の本質を考えた場合、以前からこの対策がいずれ完全に使えなくなることは明白でした。

はっきり言いますが、このような一般社団法人を使った税金対策などは本質的な相続税対策になるわけがありません。なぜなら、相続税は実際に相続が発生した時にかかる税金です。相続が将来発生する時まで、制度の穴が防がれない保証などまったくないのです。

CHAPTER 6
相続税・法人税・所得税を節税した資産家の事例から学ぶ

　生前に対策が完了したからといっても、実際に相続する時が来るまでに税制改正が行われたら効果は吹き飛ぶのです。にもかかわらず、対策を実行した時点で多額の報酬を払っていたら目も当てられません。このような失敗をしないためには、長期にわたって効果が見込める対策かどうかを十分に吟味する必要があるのです。

　その瞬間がよくても、制度の穴が防がれた時に効果がなくなるばかりか、元に戻せなくなるような対策は取るべきではありません。この一般社団法人の対策は、そういう意味で、最悪な対策のひとつと言えるでしょう。

失敗例④　「少人数私募債」を使った節税

　「少人数私募債」というのは「小規模な社債」のことで、株式会社の資金調達法として今も利用されています。しかし、以前はこの「少人数私募債」を使った節税がかなり行われていました。

　どういうスキームであったかというと、以前、少人数私募債の利子所得は、税率が20％（所得税15％＋住民税5％）の源泉分離課税が適用されていました。つまり、中小企業の役員が総合課税の対象となる給与（所得税・住民税と合計して最大約55％）ではなく、同額を私募債の利子として支払いを受ければ、その税率差が節税になったのです。

　しかしながら、2013年の税制改正により同族会社が発行した社債の利子で同族会社の役員等が支払いを受けものは「源泉分離課税」ではなく、他の所得と通算して最高税率55％となる「総合課税」の対象になりました。これによって、多くの少人数私募債を使った節税スキームは役割を終え、私募債の償還が進んだといわれています。この少人数私募債は、確かに2013年の税制改正以前までは非常に有効な節税スキームとされていました。しかしながら、現在は節税スキームとして効果を維持している少人数私募債はほとんどありません。

　このように、実行当時は節税効果があっても、その後の税制改正で効果がなくなってしまうものは少なくありません。税金対策はその瞬間で

効果を図ることは適切ではなく、継続的にPDCAを回しながら効果が維持・改善するように対策を繰り返していくべきものです。刹那(せつな)的な対策ではなく、しっかりと地に足をつけた継続的な対策を立案・実行していくことが肝要です。そのために、税務に強い「資産に関するプロフェッショナル」の継続的な助言サービス、例えば、弊社の『財産顧問 ™』のようなサービスのご利用をご検討ください。

CHAPTER 6
相続税・法人税・所得税を節税した資産家の事例から学ぶ

他の税金や費用が増えて、思ったように効果が出なかった失敗例

　他にも、所得税対策や相続税対策など、ひとつの税金の対策として実行したものの、対策の結果として、他の税金や社会保険などの負担が増え、対策の効果が思ったよりも出ないというケースが少なくありません。例えば、私が相談を受けた中にこのようなことがありました。

失敗例⑤　不動産の法人化による所得税・相続税の節税

　失敗例①でも述べたとおり、所得税や相続税対策として同族会社に不動産を譲渡して、不動産を法人化する対策が多く行われていますが、この法人化の対策は当然良いことばかりではありません。

　実際、この対策に限らず税金対策はひとつ、または複数の税金を減らす効果がある代わりに、別に税金や費用がかかったりすることが多いわけで、その支出を考慮に入れなければ対策の本当の効果を測定することができません。その追加費用を考慮しても、メリットのほうが大きい対策のみを実施すべきなのです。

　対策提案の経験が乏しい税理士やコンサルタントが対策を主導すると、この追加の負担を考慮せず、結果として損をしたり、思ったより効果が上がらなかったりすることが多く発生します。

　私が見た失敗例としては、しっかり対策を講じていけば消費税がかからずに対策を進めていけたにもかかわらず、後先を考えずに不動産の法人化を一気に進めた結果、本来払わなくて済むはずの消費税と所得税を5,000万円近くも無駄に払ってしまっているケースがありました。

　不動産を法人に移すにあたっては、以下のような費用がかかる場合があります。

> **不動産の法人化に伴って発生する追加費用**
> 1．登録免許税　：不動産の名義を変更するための登記費用
> 2．不動産取得税：不動産を購入・建築した場合にかかる税金
> 3．譲渡所得税　：不動産を売却して利益が出た場合にかかる税金
> 4．消費税　　　：消費税の課税事業者が建物等を売った時にかかる消費税
> 5．会社設立費用：不動産の管理をする同族会社を設立した場合にかかる費用
> 6．税理士報酬　：個人事業から法人化すると通常報酬が増加する
> 7．社会保険料　：従来の個人事業を法人化し、法人から役員報酬として受け取った場合にかかる社会保険料負担（通常、国保より高くなる）

　法人に不動産を移す場合、1と2は絶対にかかるものであり、5と6はいつどのようにやっても金額が変わるわけではありませんので、「対策を実施すべきかどうか」の判断においては対策の効果を測定する上で検討は必要なのですが、対策のスケジュールを決めるうえでは重要ではありません。

　しかし、3と4は対策の進め方で負担額が大きく変わってきますし、7の社会保険料についても社会保険の仕組みを理解した人が対策を取ると負担の増加を抑えることも可能です（7についての詳細な説明は本書では割愛します）。

　つまり、不動産の法人化と一口に言っても、この3と4については、いつどのように進めるかによって、負担が大幅に異なるので注意が必要なのです。一番よくある失敗としては、3の所得税が多額になるケースがあります。これは、多くのケースで建物の鑑定評価を取った結果生じるものです。確かに、同族会社とオーナーとの間の売買価格は失敗例①でも述べたとおり、「時価」は「実勢価格」等の相場価格なので鑑定評価を使うのは間違いではありません。

　しかし、不動産鑑定士に鑑定評価を依頼して費用をかけてわざわざ高

い評価をつけてもらって、結果として高い所得税を払わされるのは、ダブルパンチ以外の何物でもありません。こんなことをしなくても、通常、建物の場合は「簿価」＝「時価」なのです。

　ちなみに、「鑑定評価額」が等価を下回っている場合は鑑定評価額にするのはよいと思いますが、その場合、その物件の収益力に問題があることが多いので、対策を取るべきかは慎重に進めましょう。

「簿価」で譲渡していれば所得税がかからないわけですから、簿価で譲渡するのが一番楽で、税負担もなく、税務署からも間違いを指摘されるリスクも通常はありません。というのも、「建物」は建てた瞬間の「時価」＝「建築費」であり、それが時間が経って劣化していった分を価値として落としていけば、その時点の「時価」になるはずで、正にそれが減価償却後の「簿価」なのですから。

　この不動産の法人化の対策で、もうひとつよくある失敗として「消費税」の問題があります。その個人オーナーがマンションなど住居系の不動産投資だけの場合はよいのですが、その方が法人向けのテナントなどを持っていて、課税売上げが1,000万円以上ある場合、特に課税売上げが5,000万円以上ある場合、建物を個人から法人に移したときに多額の消費税がかかります。

　これを考慮して、段階的に課税売上げを減らしていく対策を考えるべきなのですが、不動産の法人化の対策に不慣れな方が主導すると、消費税を検討に入れない結果、無駄な税金がかかってしまいます。つまり、仮に簿価2億円の建物を法人に移した場合、その建物を個人に移しただけなのに、1,600万円もの消費税が法人にかかってしまうのです。

　そこで、このような場合は簿価が多額に残っている建物や住居系の建物を法人に移す前に、建ててから時間が経って減価償却が進んだテナント物件、つまり、簿価は少なくなっているものの、課税売上げの金額が大きいものを先行して同族会社に売却することで、課税売上げを減らし、消費税負担が発生しないようにしてから、簿価が大きい物件やレジデンス物件を移すことがポイントなのです。

このように、同じ不動産の法人化でも、誰がその対策を進めるかによってその効果が異なりますので、不動産の法人化に詳しい「資産に関するプロフェッショナル」にご相談することをお勧めします。

CHAPTER 6
相続税・法人税・所得税を節税した資産家の事例から学ぶ

投資額を回収して初めて節税効果 無駄遣いは財産を減らすだけ！

　相続税対策として、お金を使うことを勧めたり、相続税対策として不動産を勧めるものの、その後の投資の回収について十分に検討しない税理士や営業マンが多くいます。

　確かに、お金を浪費しても相続財産は減りますし、不動産などに投資をするだけで相続税の評価が下がり、相続税の圧縮効果があることは間違いありません。しかし、無駄遣いをしたり、回収できない投資をすることは断じて「節税」とは言いません。

　「節税」というのは、相続財産の「評価」を下げるなどの結果、相続税の圧縮効果はあるものの、その財産としての「価値」は下がっていないため、最終的にその投資額が何かしらの形で回収されることで、「財産を守るために役立つもの」です。ただ単純に「税金を減らすこと」を節税と呼ぶべきではありません。

　それほど必要性に迫られていないものを購入したり、投資してもその投資額を回収できなければ、その分が純粋に財産を減らしているにすぎないわけです。それは、「節税」ではなく「散財」です。不必要なものを購入する「浪費」は言わずもがな、不動産投資の場合でも、賃料収入（インカムゲイン）などや売却収入（キャピタルゲイン）などで投資額が回収されない投資は、ただの「散財」にすぎないのです。

　それでは、財産を減らす「散財」をせず、財産を守る「節税」をするためにはどのようなことを心がければよいでしょうか？

　まず、当たり前ですが「無駄なものは買わない」ことです。相続に詳しくない税理士さんなどは「相続税が減るから」と、ご自宅の建て替えを勧めたり、高価な電化製品の買い替えを提案したりします。もちろん、近い将来に買い替えが迫られるような場合には、その支出は将来の支出

を減らすことから意味はあるでしょう。

　しかしながら、取り急ぎ現在必要のないものを「相続税が減る」というだけで購入したりするのは、ただの散財にすぎませんので絶対にやるべきではありません。なぜなら、技術は常に進歩していますので、必要のない時には買わずに、必要に迫られてから買ったほうが通常、安くてよいものが手に入るからです。それを必要がないにもかかわらず購入を進めるというのは、ただの浪費にすぎないのです。絶対に取るべきではありません。

　次に、不動産などの投資についてですが、投資は回収して初めて意味があります。「その投資が生み出す収入」と「投資によって所得税や相続税などの税金が減る効果」を加えても、投資額に満たないような投資は断じてやるべきではありません。まったく収益を上げない不動産を買って「税金が減った」と喜んでも、結局、財産を減らしていることに変わりないのです。

　むしろ、税金で破産することはありませんが、借入をしたにもかかわらず投資の回収ができなかったりすると、それこそ破産だってあり得るわけです。2018年の『かぼちゃの馬車事件』も、まさにこのケースに当てはまります。

　不動産投資は、投資の段階である程度、将来の収入・支出を読むことが可能という意味で、比較的判断が簡単な投資と言えます。事業投資は明日の売上げの予測もできなかったりしますが、不動産投資は事前に検討したら、急激に変動するリスクはあまりありません。ですので、不動産投資は、投資の前にしっかりとその投資によるシミュレーションをすることが肝心なのです。

　そのシミュレーションを行ううえで、どのようにシミュレーションをするべきでしょうか？　不動産会社が使う、いわゆる「表面利回り」などはあまり参考にするべきではありません。なぜ「表面利回り」を参考にするべきでないかというと、これはあくまで、現時点で「想定される

賃料」が「満室で運営された」とした場合の、「売上げ」が「投資額」に対してどれくらいの利回りを出すか、の指標にすぎないからです。

　つまり、その「想定賃料」が周辺相場に比して高めに設定されていたとしたら、その賃料で部屋が全部埋まらず、結果として賃料の引き下げを余儀なくされたり、周辺よりも空室率が高い状態となり、結果として想定したような収入を得られなくなるのです。

　そのため、その不動産屋さんや建築会社の営業マンが提案してきた提案書の「想定賃料」が周辺賃料の平均的な相場と照らして高すぎることがないのか、「想定空室率」が同様の条件の不動産の平均的な空室率を反映しているのかなど、彼らのデータが適切で、そのデータでこの投資の可否を判断することが妥当であるかどうかを検討することが必要です。

　最近では、最寄りの駅名やその駅からの距離、間取りなどの条件から、過去10年ほどの平均賃料や空室率の推移などの情報を提供しているシステム会社も存在しています。

　ご自身の財産をしっかり守るために、不動産会社や建築会社の営業マンの作ってきた数字をそのまま信じるのではなく、その利回りの根拠となる賃料や空室率が適切なのか、あまりにも楽観的な数字になっていないか、新築、築3年、築10年などで大きく下がることが多い賃料収入を過度に楽観的に想定していないか、設定した賃料水準を鑑みて想定している空室率が妥当かどうか、などを十分に吟味してから投資の可否を判断する必要があるでしょう。あなたが大切なご自身の財産を守るために、しっかりご自身で調査を進めるか、信頼できる「資産に関するプロフェッショナル」に相談してください。

　このように相続税対策は数あれど、本当にお客様の望まれる結果に結びついているケースはそれほど多くはありません。我々はこれまで様々なトラブルを抱えたお客様からご相談を受けましたが、中には、残念ながら我々にご相談頂いた時には既に業者に騙されて不良な資産に投資してしまっており、将来、首が回らなくなることが目に見えてしまっている方もいます。

税金対策のために、多額の借金を負って不動産投資をした結果、その不動産が思った収益を上げなかったため、最終的に非常に苦しい思いをされている方がいるのです。もちろん、ご相談頂いた以上は、我々はできる限りのことはしますが、投資の前にご相談頂ければ、この方はこのような辛い思いをしなかっただろうと思うことがあります。繰り返しますが、不動産投資は投資前のシミュレーションが最も大事です。

　最初の一歩があなたの人生を左右するのです。
　簡単な対策、例えば毎年110万円ずつの贈与であったり、生命保険の「法定相続人×500万円の非課税枠」などは誰がやってもほとんど間違いはありませんので、あまり心配する必要はありませんが、不動産の法人化や不動産投資など難易度が高かったり、失敗するととんでもないリスクを抱える可能性がある対策を、必要な知識や経験がない人が不用意に進めてしまうと、かえって費用が高くついたり、借金を返済できずに多くの財産を取られてしまったり、税務署から指摘されるリスクが格段に上がってしまうようなことが少なくありません。
　『世界の果てまでイッテQ！』（日本テレビ）という番組で、エベレストにチャレンジするにあたって女性タレントのイモトアヤコさんも「シェルパ」という現地の経験豊富なガイドをつけてました。同様に、初めて航海する荒海に水先案内人も付けずに、ガイドブック片手にイカダで挑戦する命知らずな人が生き残れる可能性は低いでしょう。。
　税金対策も同じです。ガイドをつけずに命の次に大事な財産を危険に晒（さら）すような愚は犯すべきではないのです。税金対策を適切に、かつ効果的・効率的に進めるためには、その対策について経験豊富な「資産に関するプロフェッショナル」に相談して、その対策を取ることの必要性とメリット、その対策のデメリットとリスク、かかる費用や今後のスケジュールなどのアドバイスを受けたうえで対策を進めていくことが財産を守るために必要なのです。
　税金対策に関する水先案内人として、税金に詳しい「資産に関するプロフェッショナル」にご相談することが、何よりも大事な成功と失敗の

分け目です。大きな投資に先立っては、「資産に関するプロフェッショナル」を探して、その人にしっかり相談するようにしてください。

『かぼちゃの馬車事件』
「かぼちゃの馬車」とは、株式会社スマートデイズ（東京都中央区）という不動産会社が展開していた女性専用シェアハウスのブランドネームのこと。家賃は管理費込みの4万円程度で、地方から上京する女性を主なターゲットにしていました。インターネット代や光熱費は管理費に含み、敷金・礼金・仲介手数料は不要、個室にはベッドや冷蔵庫などの必要設備が用意されており、鞄ひとつで即入居できるというのが謳い文句。同社は副収入を得たい会社員などをオーナー対象とし、「かぼちゃの馬車」の建設から賃貸の管理運営までを請け負うサブリース契約を結びました。4年弱で八百棟を販売。しかし、同社から不動産オーナーへのサブリース賃料の支払いが困難になり、ついに同社の破産手続きの開始が決定しました（2018.4）。それにより、高金利のローンを組んでいたオーナーは融資した銀行へのローン返済ができなくなり、多くが自己破産を強いられたか、もしくは自己破産目前の状況に追い込まれ、社会問題化しました。

CHAPTER 7

知っておきたい！
相続の基礎知識と
民法改正2018年

相続の基本知識①
〈民法改正を知る〉

相続に関する民法が40年ぶりに改正された

　そもそも民法改正は、高齢化社会となり遺産相続の課題やトラブルが増加している背景もあって2018年7月に決まりました。施行は2019年1月から2020年7月までに行われます。改正の内容は次のような項目です。

①配偶者は相続後も無償で自宅を使用収益できる権利（配偶者居住権）を創設した
②婚姻20年以上の配偶者から自宅の贈与等を受けた場合、持ち戻し免除の意思表示があったとして特別受益（財産の前渡し）に該当せず、配偶者は自宅を相続したうえで残りの財産の法定相続分を取得できる
③介護に貢献した相続人以外の親族は、相続人に対し「特別寄与料」を請求できるようになる
④自筆証書遺言について、預貯金や不動産等の財産目録はPC作成でも構わない
⑤自筆証書遺言を法務局で保管してもらえる
⑥預貯金の3分の1について、各相続人は法定相続分まで単独で払い戻しを請求できる
⑦遺留分を算定する際、相続人に対する贈与は相続開始前10年以内のものに限り算入する
⑧遺留分については現金にて支払うこととし、不動産の共有、分割はしない

CHAPTER 7
知っておきたい！　相続の基礎知識と民法改正2018年

○「配偶者居住権」の創設など、配偶者は優遇される（①・②）

　子供がいる場合の配偶者の法定相続分は財産の2分の1のため、法定相続分で分割すると子供の取り分を捻出するため家を売却するなどの必要性に迫られます。そこで住んでいる家に限って所有権とは別に「配偶者居住権」を新設し、住み続けることができるようにしました。また、婚姻20年以上の場合、遺言による遺贈もしくは贈与された居住用の家は遺産分割の対象から外せるようになりました。

　配偶者居住権は家の評価額よりも低くなるので、配偶者が法定相続分で相続しても、住んでいる家を失わないうえに、現金を相続することができるケースが増えます。

　例えば自宅4,000万円、現金2,000万円の財産を配偶者と2人の子供で分ける場合、法定割合では配偶者3,000万円、子供1,500万円となり、配偶者は自宅全部を相続できず、売って分けることにもなりかねない。しかし、「配偶者居住権」は半分の2,000万円となれば自宅に住みながら現金1,000万円相続できることになります。居住権の評価額は住む年数などに応じて変わり、権利を行使するためには登記が必要となります。

○介護に寄与した金銭を請求できる（③）

　亡くなった人の介護などをした相続人以外の親族が、相続人に金銭を請求することもできるようになりました。例えば同居している長男の妻は、亡くなった義母を献身的に介護しても、今までの法律では相続人の寄与分は考慮されても、相続人ではない嫁などの立場では、財産を受け取ることはできず、不満が残ることがあったのが現実でした。そうした状況を解消するため、介護についての請求ができるようになりましたので、今後の介護については貢献した分を還元できるようになります。

○自筆証書遺言が作りやすくなった（④・⑤）

　自筆の遺言書は、全部を遺言者が自分で書くことが要件となっており、不動産が多い場合や預貯金が多い場合はハードルが高かったと言えます。そうしたことを解消するため、不動産や預貯金などの財産目録をパソコ

ンで作成しても認められることになりました。また、自筆証書遺言を法務局で保管してもらえるようになりましたので、今まで作成をためらっていた人にも作成しやすくなったと言えるでしょう。

○預金の仮払い制度（⑥）

相続になったら亡くなった人の預金口座は凍結されてしまい、相続人全員の合意がないと下ろせなくなります。そのため葬儀費用や諸手続きの支払いにも困るご家庭が多かったのですが、預貯金の3分の1について、各相続人は法定相続分まで単独で払戻しを請求できるようになりました。これにより、当座の費用の支払いについては不安が解消しました。

○特別受益の範囲が決められた（⑦）

遺言書があり、遺留分を侵害されている相続人は、遺留分を請求する権利がありますので行使しますが、遺留分算定の財産確定が難題で争点ともなっていました。その対象を相続人に対する贈与は相続開始前10年以内のものに限り算入するとなりました。

○遺留分は現金で支払うことに限定（⑧）

遺留分減殺請求をする場合、不動産の分割を希望する場合もあったため、共有することで新たなトラブルを引き起こすことがありました。そのために、遺留分の減殺請求は現金で支払うことに限定されました。

相続の基礎知識②
〈贈与の方法と違いを知る〉

　贈与とは、簡単に言えばAさんがBさんへ金銭や物品などの贈り物をすることで、与える側は無償で見返りは期待しないものです。しかし、いくらAさんが無償であげると言っても、Bさんが受け取らない場合には贈与関係は成立しません。あげる人（贈与者）と受け取る人（受贈者）の両方が了承することで贈与になります。もらう側にもそれを断る権利が保証されています。

　民法では、「贈与は、当事者の一方が自己の財産を無償にて相手方に与える意思表示をし、相手方が受諾を為すによってその効力を生ずる」双務契約であるとしています。このように、贈与は意思表示をすれば成立することになっているので、単なる口約束であろうとも、効力は変わりありません。

●贈与税は個人からもらった時にかかる税金

　贈与税は、個人から財産をもらった時にかかる税金です。会社など法人から財産をもらった時は所得税がかかります。自分が保険料を負担していない生命保険金を受け取った場合、あるいは債務の免除などにより利益を受けた場合などは贈与税が課税されます。ただし、死亡した人が自分を被保険者として保険料を負担していた生命保険金を受け取った場合は、相続税の対象となります（図7-1）。

図7-1) 贈与税の速算表

基礎控除後の贈与額	改正後の税額			
	20歳以上の者が直系尊属から贈与		左記以外の贈与	
	税額	控除額	税額	控除額
200万円以下	10%	—	10%	—
300万円以下	15%	10万円	15%	10万円
400万円以下	15%	10万円	20%	25万円
600万円以下	20%	30万円	30%	65万円
1,000万円以下	30%	90万円	40%	125万円
1,500万円以下	40%	190万円	45%	175万円
3,000万円以下	45%	265万円	50%	250万円
4,500万円以下	50%	415万円	55%	400万円
4,500万円以上	55%	640万円	55%	400万円

相続時精算課税制度の拡大

相続時精算課税制度とは？

2,500万円までは贈与税がかからず、
超えた場合には金額の20%の贈与税を納める制度。

相続時にはその贈与財産を相続財産に加算して、
贈与税として精算する
相続税の前倒しのような制度

○贈与者：〈改正前〉65歳以上
➡ 〈改正後〉60歳以上
○受贈者：〈改正前〉20歳以上の子
➡ 〈改正後〉20歳以上の孫（ひ孫）も贈与可能

＊20歳以上の子は、子が既に亡くなっていて推定相続人になっている孫を含む

●贈与税の課税①「暦年課税」非課税枠110万円

　贈与税は、ひとりの人が1月1日から12月31日までの1年間にもらった財産の合計額から基礎控除額の110万円を差し引いた残りの額に対してかかります。したがって、1年間にもらった財産の合計額が110万円以下なら贈与税はかかりませんし、贈与税の申告も不要です。

　贈与の非課税枠には、次の5つがあります。

①110万円の基礎控除による非課税枠　110万円（毎年）
②婚姻期間が20年以上の夫婦間で、居住用不動産またはそれを購入するための金銭を贈与した場合の特例による非課税枠 2,000万円
③教育資金の一括贈与による非課税枠 1,500万円
④結婚・子育ての一括贈与による非課税枠 1,000万円
⑤直系尊属からの住宅取得資金贈与の特例による非課税枠（図7-2）

図7-2)

住宅用家屋の新築等に係る契約締結日	省エネ等住宅	左記以外
平成28年1月1日〜平成31年3月31日	1,200万円	700万円
平成31年4月1日〜平成32年3月31日	3,000万円	2,500万円
平成32年4月1日〜平成33年3月31日	1,500万円	1,000万円
平成33年4月1日〜平成33年12月31日	1,200万円	700万円

夫婦間贈与の特例は、夫または妻へ居住用不動産を贈与する場合、2,000万円までが非課税になります。住むための家、土地や取得するための現金の贈与であること、結婚してから20年以上経過している必要があることなどの要件があります。

　父母や祖父母などから住宅取得等資金の贈与を受けると、一定金額について贈与税が非課税となります。年度や要件により、非課税枠は変わります。また、子供や孫へ贈与をする時の非課税制度は、「結婚・出産・育児」資金の贈与について新たに1,000万円の非課税枠ができました。さらに、教育資金の非課税贈与は利用期間が延長されています（図7-3）。

●贈与税の課税②「相続時精算課税」非課税枠2,500万円

　相続時精算課税制度は、20歳以上の子供が、60歳以上の親や祖父母から贈与により財産を取得した場合に、その財産の価額の累積額が2,500万円以内であれば無税で、また2,500万円を超える場合には、その超える部分の金額の20%を贈与税として納付する制度です。

　この2,500万円の非課税枠は、複数年にわたって分割利用ができます。後に、親に相続が発生した時に、この贈与により取得した財産の累積額は相続財産に加算して、相続税額を算出します。

　相続時精算課税制度により財産を取得した子供は、算出された相続税額から既に支払った贈与税額を控除した金額を、相続税として納付します。支払った贈与税額が相続税額よりも多い場合には、還付を受けます。

　この制度は、相続の時にそれまでの贈与税額を精算して相続税額を納税するものですから、いわば相続税の仮払い（生前相続）であって、相続税が軽減するわけではありません。従来の制度は残されているため、納税者はいずれの制度によるのかを選択することになりますが、一度相続時精算課税制度を選択すると、従来の贈与税制度に戻ることはできません（図7-4）。

図7-3）贈与の非課税枠の種類一覧

結婚・子育て資金贈与に係る非課税措置の延長と改正

祖父母等（直系尊属である贈与者）が子や孫等（受贈者）に対して結婚・子育て資金の支払いに充てるために金銭等を贈与し、当該受贈者の名義で取扱金融機関に預入等した場合には、受贈者1人につき、最大1,000万円までの金額に相当する部分の価額について、贈与税が非課税となる制度。

【改正内容】
- 制度の期限を、2021年3月31日まで延長する。
- 信託等する日の属する年の前年の受贈者の合計所得金額が1,000万円超の場合は適用を受けられない。

教育資金贈与に係る非課税措置の延長と拡大

直系尊属（父母や祖父母）から30歳未満の子や孫が教育資金の一括贈与を受けた場合。最大1,500万円まで非課税とする制度。

【改正内容】
- 制度の期限を2021年3月31日まで2年延長したうえで、下記のように大幅な見直しが行われる。

(1) 受贈者の所得制限

信託等する日の属する年の前年の受贈者の合計所得金額が1,000万円超の場合は、適用を受けることができない。この改正は、平成31年4月1日以後の信託等により取得する信託受益権から適用される。

(2) 教育資金の範囲

従来教育資金として預けたお金の使い方について学校等に対する支払いは1,500万円まで非課税で可能であったが、学校等以外の者への支払い（学習塾やスポーツ・ピアノ等の習い事）は500万円までの制限があった。しかし、従来はいずれであっても30歳までの支払いである場合は認められた。今回の改正案では、23歳以上の支払いについては、これまでどおりの学校等への支払いに加え、学校等以外の者への支払いについては、学校等に関連する費用を除くと教育訓練給付金の支給対象となる支払いに限定された。この改正は、平成31年7月1日以後に支払われる教育資金から適用される。

(3) 契約終了日までに贈与者が死亡した場合

死亡前3年以内に信託等された部分のうち、死亡日の管理残額に対応する部分については、相続財産に含まれる。ただし、贈与者の死亡時に次の3つのいずれかの要件に該当する場合は含まれない。
①受贈者が23歳未満の場合
②学校等に在学している場合
③教育訓練給付金の対象となる教育訓練を受講している場合

この改正は、平成31年4月1日以後の贈与者の相続から適用されるが、経過措置として平成31年4月1日前に信託された部分の管理残高については相続財産に含まれない。

(4) 信託終了事由

現行制度では、教育資金の制度の終了事由として、「受贈者が30歳に達した日」というものがあったが、改正案では、受贈者が30歳時点で上記(3)の②③のいずれかに該当する場合は、契約が終了せず、1年をとおして(3)の②③に該当する期間がない年の12月31日か受贈者が40歳に達する日のいずれか早い日に契約が終了するとされる。学校は大学や大学院だけでなく、専門学校や各種学校も含まれることから、継続して学び続けると40歳までこの制度を利用できる。この改正は平成31年7月1日以後に受贈者が30歳に達する場合に適用される。

図 7-4）相続時精算課税制度と従来の贈与税との比較

	相続時精算課税制度	暦年課税制度
贈与税額の計算	（課税価格－2,500万円）×20% ＊課税価格は贈与者ごとの合計額	（課税価格－110万円）×累進課税率 ＊課税価格はその年に贈与を受けた金額の合計額
贈与者の条件	60歳以上 （住宅取得等資金の贈与は条件なし）	なし
受贈者の条件	20歳以上の子や孫	なし
贈与税の納付	贈与税申告時に納付し、相続時に精算	贈与税申告時に納付し、完了
相続税計算との関係	贈与時の課税価格が相続財産に加算される	相続財産から切り離される （相続開始3年以内の贈与は加算）
贈与税額の控除	控除できる	原則、控除できない（相続開始3年以内の贈与税は一定の割合で相続税から控除できる）
相続税を減少させる効果	なし。ただし、時価上昇の影響を受けない効果はある	あり
その他	一度選択したら、暦年課税制度は適用できない	いつでも相続時精算課税制度に移行できる

●親の土地の無償貸借は相続税を課税

「賃貸借」は、賃料をやりとりして貸し借りするもので、「使用貸借」は賃料なしの貸し借りという違いがあります。親の土地を借りて子供が家を建てるというケースはよくあります。この場合に地代を払うと賃貸借になりますが、借地権利金を払わないまま賃貸借にすると、親から子に借地権が贈与されたとみなされ、贈与税が課税されます。使用貸借であれば、使用借権という弱い権利だけなので、贈与税を課税されることはありませんが、相続税の計算上、評価が高くなります（図7-5）。

図 7-5) 親の所有地に子が家を建てた場合など

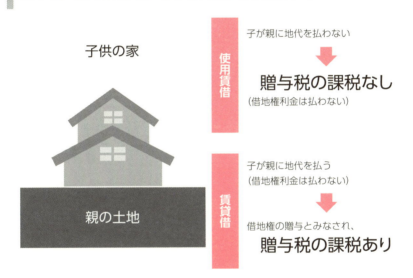

相続の基礎知識③
〈相続税の計算と相続税額の出し方を知る〉

　相続財産を確定して評価をした後は、次は相続税の計算をします。相続税の算出は、①課税価格の計算、②課税対象の遺産総額の計算、③相続人全員の相続税額の計算、④各相続人の相続税を按分計算する、⑤各相続人の加算額を考慮し、控除額を引くという5つのステップで計算します。

1．すべての財産の「課税価格」を計算する
　　①相続（遺贈）財産＋②みなし相続財産－③非課税財産－④債務控除＋⑤相続開始前3年以内の贈与財産、の合計額により課税価格を算出します（図7-6）。

2．課税対象となる「課税遺産総額」を計算する
　課税価格から相続税の「基礎控除額」を引いたものが「課税遺産総額」となります。「基礎控除額」とは、いわゆる課税最低限のことで、課税価格の合計額（遺産総額）のうち、これを超える部分に相続税が課税されます。
　＊課税価格の合計額が基礎控除以下であれば、相続税は一切かからず、申告も不要

相続税の基礎控除額＝3,000万円＋600万円×法定相続人数

3．相続人全員の相続税総額を算出する
　「課税遺産総額」を法定相続分で割り、「相続税の速算表」で対応する税率をかけて控除額を差し引きます（図7-7）。相続人の全員分を合計して、「相続税の総額」を出します。

4．各人の実際の相続税額を按分計算する
　相続財産の課税価格の総額に対する相続人ごとの取得課税価格の割合に応じて各相続人の按分割合を算出します。そして、各相

図 7-6) 相続税算出の基本

〈ステップ1〉
課税価格の計算

課税価格＝相続による財産＋みなし相続による財産－非課税財産－債務－葬儀費用＋相続開始前3年間の贈与財産で算出

〈ステップ2〉
課税対象の遺産総額を計算

課税遺産総額＝課税価格－基礎控除額（3,000万円＋600万円×法定相続人の数）で算出

〈ステップ3〉
相続人全員の相続税総額を計算

法定相続人が法定相続分で取得した場合に発生する各相続人の税額を算出して合算。各相続人の相続税額＝取得金額×税率－控除額

〈ステップ4〉
各相続人の分割割合で按分

相続税総額を相続人が実際に相続する財産の割合で按分し、各相続人の相続税額を算出

〈ステップ5〉
各相続人の控除額を引く

配偶者控除や未成年者控除など各相続人にあてはまる控除を差し引き、それぞれが納める税額を算出

図 7-7）相続税の速算表（2015 年 1 月 1 日より改正）

各法定相続人の取得金額	税率	控除額
1,000万円以下	10%	0万円
1,000万円超～3,000万円以下	15%	50万円
3,000万円超～5,000万円以下	20%	200万円
5,000万円超～1億円以下	30%	700万円
1億円超～2億円以下	40%	1,700万円
2億円超～3億円以下	45%	2,700万円
3億円超～6億円以下	50%	4,200万円
6億円超	55%	7,200万円

続人の按分割合を相続税の総額に掛けて、各相続人の相続税を算出します。財産を2分の1相続すれば相続税も2分の1、4分の1であれば相続税も4分の1です。

5. 相続税の二割加算と税額控除をする

被相続人の孫や兄妹姉妹は、算出税額に2割を加算します。代襲相続人となる孫は二割加算を適用されません。相続税から差し引ける税額控除は6種類あります。最も節税効果が大きいのは、配偶者税額控除で、取得した財産の課税価格が法定相続分以下あるいは1億6,000万円以下なら相続税はかかりません（図7-8）。

図 7-8）相続税の税額控除の種類

税額控除の種類	控除の内容と要件
贈与税額の計算	相続開始前3年以内に被相続人から贈与を受けていた場合は相続財産に加える。納めた贈与税と相続税の二重課税を調整するため、以下の式で計算した金額を差し引く 贈与を受けた年の申告贈与税額 × (相続税の課税価格に加えられた贈与財産の価格) / (贈与を受けた年分の贈与財産の合計額（特定贈与財産を除く）)
配偶者控除 （配偶者の税額軽減）	配偶者の生活を保護するため、税額を軽減する処置が取られている。配偶者が取得した財産が法定相続分または1億6,000万円までは相続税はかからない。 相続税の総額 × (AまたはBのうちいずれか少ない金額) / (相続税の課税価格の合計) A：相続税の課税価格の合計のうち、配偶者の法定相続分か1億6,000万円の多い方 B：配偶者が実際に相続により取得した財産の価額
未成年者控除	無制限納税義務者で未成年である場合は、この控除が受けられる。 10万円×（20歳－相続開始の年齢）
障害者控除	無制限納税義務者で障害者である場合は、この控除が受けられる。相続人が85歳未満でかつ障害者であること 一般障害者控除＝10万円×（85歳－相続開始時の年齢） 特別障害者控除＝20万円×（85歳－相続開始時の年齢）
相次相続控除	被相続人が相続により財産を取得してから10年以内で、前回の相続で相続税が課税された場合に一定の税額が控除できる
外国税額控除	相続または遺贈により日本国外にある財産を取得し、その財産の所在国で相続税に相当する税金が課せられた時は、日本で相続税額から控除できる

●小規模宅地等の特例

　小規模宅地等の特例とは、相続人が自宅や会社の土地・建物などを相続税の支払いのために手放さないで済むように、居住用であれば配偶者や同居親族、自宅を所有しない子供などが相続する場合や、事業用であれば事業を継承する相続人がいる場合は相続税の評価減を受けられる制度で、2015年から条件が緩和されました。

　2015年1月1日以後の場合は、居住用宅地については330㎡まで面積を拡大し、相続税評価を80％減額できます。会社や工場として使っている事業用宅地については400㎡まで80％減額が可能ですが、居住用宅地330㎡と事業用宅地400㎡の両方を併用して適用できるようになり、最大で730㎡まで80％減額できることとなりました。

　また、2014年1月1日以後の相続については、独立型の二世帯住宅でも適用が受けられるようになり、老人ホームに入っていた場合も介護が

図7-9) 小規模宅地適用の要件

相続する宅地	相続する人	上限面積	減額割合
自宅などの居住用	・配偶者 ・同居または生計を一にする家族 ・相続開始前3年間持ち家のない別居家族	330㎡	80％
不動産貸付業以外の事業用	・事業を引き継ぐ親族	400㎡	80％
アパート・マンションなどの不動産貸付業	・事業を引き継ぐ親族	200㎡	50％

＊相続税の申告期限までに、相続人の間で遺産分割が確定していること

必要なため入所し、自宅を貸したりしていなければ特例を適用できます。ただし、この特例を受けるためには、相続税の申告期限までに相続人の間で遺産分割が確定していなければなりません（図7-9）。

　なお、相続開始前3年間持ち家のない別居家族（通称「家なき子特例」）について、平成30年度税制改正によって適用できないケースがあります。

　つまり、別居の子が自己名義の自宅を他人や親族に売却して、その家屋にリースバックでそのまま居住したりしても「家なき子特例」は使えません。小規模宅地の特例はあくまで「特例」のため、要件を満たさないと一切使えません。適用にあたっては十分に要件を満たすか事前の確認が欠かせません。

相続の基礎知識④
〈相続財産の評価の仕方を知る〉

　相続財産の価額は、原則として相続開始の時の「時価」で評価します。つまり、相続および遺贈で取得した財産の評価は、それぞれの財産の現況に応じ、不特定多数の当事者間で自由な取引が行われる場合に通常成立すると認められる価額をいいます。
　評価方法は、①収益還元価格、②再取得価格、③市場価格などを基礎として、財産の種別毎に定められた通達に記載の評価方法等によって評価した価額によります（図7-10）。

図7-10）主な財産の評価方式

財産の種類	評価方式
宅地	①市街地：路線価方法②郊外地：倍率方式
貸地	宅地の価額−借地権の価額
私道	①不特定多数の者が通行：0②その他：相続税評価額×0.3
建物	①貸家：固定資産税評価額×（1−借家権割合） ②その他：固定資産税評価額×1.0
借地権	宅地の価額×借地権の割合
借家権	家屋の価額×借家権の割合（一般的に評価しない場合が多い）
預貯金	預入残高+既経過利子
上場株式・非上場株式	3種類に分けて評価
一般動産	調達価額
書画骨董	売買実例価額、精通者意見価格などを参酌
電話加入権	国税庁の定める価格
ゴルフ会員権	通常取引価額×0.7

土地の評価のしかたは路線価方式と倍率方式がある

路線価方式

　路線価が定められている地域の評価方法です。路線価とは、路線（道路）に面する標準的な土地の1㎡あたりの価額のことで、国税庁HP「財産評価基準書路線価図」または、税務署に備えつけられている「路線価図」で路線価を確認することができます。宅地の価額は、その宅地の形状等に応じた各種補正率（奥行価格補正率、側方路線影響加算率など）で補正したあとの路線価に宅地の面積を掛けて計算します。単位は千円です。

倍率方式

　路線価が定められていない地域の評価方法です。宅地の価額はその宅地の固定資産税評価額（都税事務所や市・区役所または町村役場で確認してください）に一定の倍率（倍率は地域によって異なります）を掛けて計算します。倍率は国税庁HP「財産評価基準書評価倍率表」または、税務署に備えつけられている「評価倍率表」で確認します（図7-11）。

路線価方式の計算方法

　市街地にある宅地は、その宅地が面している道路につけられた価格である「路線価」に宅地の面積を掛けた価格が評価額となります。路線価図を見る場合は次のような点に注意します（図7-12）。

- ・評価する土地の所在を確認する……どの道路に面しているかの位置確認
- ・路線価格を見る……記されているのが1㎡あたりの路線価
- ・借地権割合を確認する……路線価の次のアルファベットで割合が決められている
- ・地区区分を確認する……7つの地区区分に分かれている

公図で地形の確認をする

　土地の評価は、奥行きや間口距離、あるいは地形でかなり違ってきます。正確な土地の評価を出すには「実測図」を作成することが必要ですが、法務局で作成している「公図」で代用します。「公図」とは、登記さ

図7-11) 土地の評価の仕方

種別	種類	評価方法
自用地	土地所有者の居住用や事業用のすべての土地	路線価方式または倍率方式
貸宅地	他人に貸している(借地権が設定されている)宅地	自用地の評価額×(1−借地権割合)
貸家建付地	土地所有者がアパートなどの貸家を建てている宅地	自用地の評価額×(1−借地権割合×借家権割合×賃貸割合)
借地権	土地を借りて自己の建物を建てている宅地	自用地の評価額×借地権割合
農地	純農地	倍率方式
農地	中間農地	倍率方式
農地	市街地周辺農地	市街地農地の評価額×0.8
農地	市街地農地	宅地比率方式(宅地造成費を控除する)または倍率方式
山林	純山林	倍率方式
山林	中間山林	倍率方式
山林	市街地山林	宅地比率方式(宅地造成費を控除する)または倍率方式
その他	原野・牧場・池沼・鉱泉地	宅地比率方式(宅地造成費を控除する)または倍率方式
その他	雑種地	近傍地比準価額方式または倍率方式

図7-12) 路線価図の見方

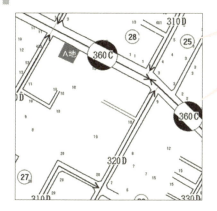

街区番号を表す

数字は路線価。この場合は1㎡あたり360万円、アルファベットは借地権割合（下図参照）を表す

適用範囲

路線価は1㎡あたりの価額が千円単位で表記され、矢印で示す範囲に適用される。360Cとある時（Cは下図借地権割合のとおり70％を意味）、その道路に接している土地は1㎡あたり360万円で評価されることになる

地区区分

記号	地区
（六角形）	ビル街地区
（楕円）	高度商業地区
（八角形）	繁華街地区
（円）	普通商業・併用住宅地区
（菱形）	中小工業地区
（長方形）	大工場地区
無印	普通住宅地区

適用範囲

記号	適用範囲
（白丸）	道路の両側の全地域
（上半黒）	道路の北側の全地域
（下半黒）	道路沿い
（左右黒）	北側の道路沿いと南側の道路沿い
（右半黒）	北側の道路沿いの地域

【借地権割合】

記号	A	B	C	D	E	F	G
借地権割合	90%	80%	70%	60%	50%	40%	30%

れた土地の位置や形状を記録したもので、法務局に申請すれば閲覧、コピーできます。

路線価方式には減算項目・加算項目がある

　路線価に面積を掛ければ、その土地の評価額は出せますが、具体的な土地の条件によっては正確な評価額とは言えない場合があります。その宅地の形状や位置によって、基本の価格から一定の項目に関して考慮し、引いたり、足したりして算出することが必要になります（図7-13・14）。

貸宅地は借地権を控除して評価する

　他人に貸している土地には借地人の権利があり、すぐに明け渡してもらうというわけにはいきません。そのため、通常の評価額より借地人の持っている借地権を控除して評価することになっています。賃貸アパートやマンションの敷地は「貸家建付地」となり、通常の評価額より借地権割合と借家権割合を掛けた分を引くことになっています（図7-15・16）。

私道などの特殊な土地は減額できる

　私道とは、複数の者の通行に利用されている宅地のことです。間口が狭く奥まった宅地、いわゆる敷地延長部分については所有者の家族だけが通行に利用するので、私道とはいえず、通常の宅地としての評価になります。

　・不特定多数の者が通行（通り抜け道路）……公共性があり評価なし
　・特定の複数の者が通行……自用地の評価×0.3
　・自己の通行のみに利用……自用地の評価

セットバックを要する土地は減額できる

　建築基準法では、道路の中心線からそれぞれ2mずつ後退した線が道路の境界線とみなし、建物の建て替えを行う場合は、その境界線まで後退（セットバック）して道路敷きとして提供しなければならないことになっています。このようなセットバック部分に該当する土地は通常の30％で評価をするようになっています。

地積規模の大きな宅地の評価が新設された

　三大都市圏の500㎡以上、その他は1000㎡以上の土地で普通住宅地区および普通商業併用住宅地区にある場合は、地積規模の大きな宅地とし

図7-13) 路線価方式の減算項目

奥行価格補正		平均的な宅地と比べて短いまたは長い場合、宅地路線価に「奥行価格補正率」を乗じて評価する
間口狭小補正		間口が狭い宅地。その程度に応じて相当と認められる金額を控除した価額により評価する
奥行長大補正		間口に比べて奥行が長大な宅地。その程度に応じて相当と認められる金額を控除した価額により評価する
がけ地補正	がけ地にある宅地など。がけ地補正を行って評価する	
その他	不整形地、無道路地など。その形状や地積等に応じて100分の30の範囲内で相当と認められる金額を控除した価額により評価する	

図7-14) 路線価方式の加算項目

側方路線加算	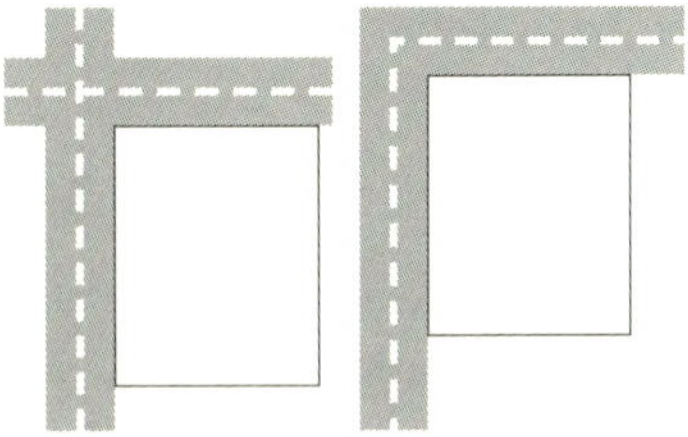	角地や準角地にある宅地。[(正面路線価×奥行価格補正率)+(側方路線価×奥行価格補正率×側方路線影響加算率)]×地積 ＊地積＝土地面積
二方路線加算		正面と裏側に道路がある宅地。[(正面路線価×奥行価格補正率)+(裏面路線価×奥行価格補正率×二方路線影響加算率)]×地積

図 7-15）貸宅地・借地権・定期借地権・貸家建付地の評価方法

●貸宅地の評価額
＝自用地の評価額－借地権の価額
＝自用地の評価額－土地価額×借地権割合
または、
＝自用地の評価額×（1－借地権割合）

●借地権の評価額
＝自用地の評価額×借地権割合

●定期借地権の評価額

$$相続税の総額 \times \frac{借地権契約時の定期借地権の価額}{借地契約時の土地の時価} \times 逓減率$$

逓減率とは $\left(\begin{array}{c}定期借地権の残存期間に\\応じる複利年金原価率\end{array}\right) \div \left(\begin{array}{c}定期借地権の契約期間に\\応じる複利年金原価率\end{array}\right)$

2004年以降、基準年利率として毎月ごとに定められることになっている

●貸家建付地の評価額
＝自用地の評価額－自用地の評価額×借地権割合×借家権割合×賃貸割合
＝自用地の評価額×（1－借地権割合×借家権割合×賃貸割合）

図 7-16）建物が建っている土地の評価方法

土地と建物を所有			自用地の評価額× （1－借地権割合×借家権割合×賃貸割合）
土地と建物の 所有が別	使用貸借	権利金の授受がなく、 地代が 固定資産税相当額以下	自用地の 評価額
	賃貸借	使用貸借以外	自用地の評価額 × （1－借地権割合）

貸家建付地は借地権割合を掛けた分を引いて評価される

＊権利金＝借地契約、借家契約の際に慣行として賃貸人から地主・家主に支払われる賃料・敷金以外の金銭

て「規模格差補正率」を算出し、計算する評価方法となります。土地の形状と地積の大きさを考慮した評価になり、地積、地区区分、用途地域、容積率などにより補正率を算出します。今までの広大地評価よりは減額率は小さくなりますが、広大地評価ができなかった角地などには適用できる場合もあります（図7-17）。

図7-17) 地積規模の大きな宅地評価

地積	・三大都市圏：500㎡以上あること ・三大都市圏以外：1000㎡以上あること
路線価で定める地区区分	・普通住宅地区に存すること ・普通商業・併用住宅地区に存すること
都市計画法で定める用途地域等	・市街化整備区域以外に存すること 　（ただし、宅地分譲開発可能な土地は可） ・工業専用地域以外に存すること
容積率	・400％（東京特別区は300％）以上の地域でないこと 　（なお、前面道路幅員等は考慮されない）

建物評価は固定資産税評価額となる

家屋の評価方式は「倍率方式」で、全国一律1倍になっています。つまり、固定資産税の評価額がそのまま相続税評価額になります。ただし、家屋から独立した門や塀、庭木、庭石、池などの庭園設備は、別途に評価されます。貸家建付地が評価減されるように、借家人の入っている家屋は「借家権」を差し引き、計算します。固定資産税評価額×（1－借家権割合）という算式になりますが、借家権割合は30％を用いていますから、貸家は評価の70％で評価されるということになります。建築中の建物は、費用原価の70％相当額で評価します。

結果に差がつく『相続力』

◆相続対策の相談先を間違わないようにしたい

「相続対策」は誰に相談すればいいのか、迷われるところでしょう。どこに相談に行ったらいいのか、誰に相談をすればいいのか、わからないと言われる声を随分と大勢の方から伺ってきました。

相続税がかかる方の多くは、財産の半分以上が不動産という現実があり、たいていの方は複数の不動産を所有していたり、広い土地を所有しておられます。不動産があるから相続税がかかり、納税が難しい。不動産は個々に違い、評価が難しい。不動産があると分けにくく、もめてしまう、などなど。必然的に、相続では不動産の知識がないと節税もできずにトラブルのもとを作ることになりかねません。

そうした背景があるにもかかわらず、多くの方が「相続の専門家」として相談したり、依頼する弁護士、税理士、信託銀行は、いずれも不動産の専門家ではないと言えるのです。「税理士や金融機関などで相続税の概算を出してもらったけれども、その次の提案がなく、どうしていいかわからずに困っている」「弁護士に相談したが、具体的なことは何もできなかった」という状態で相談に来られるのです。

こうしたことからも、不動産を所有する人は、「不動産」の実務ができる、評価ができる専門家に相談することが必要だと言えるのです。

◆「相続コンサルタント」に依頼する価値はある！

本書の事例で取り上げた高橋さんや田中さんは多くの土地を所有する資産家ということもあり、銀行やＪＡの優良顧客です。ともに80代になられて相続対策として土地活用を勧められていらっしゃいました。

> EPILOGUE
> 結果に差がつく『相続力』

　そのまま決断することが不安だったことから相続コンサルタントのもとへ相談に来られたのでしょう。提案されている金額が8億円、9億円と多額なだけに迷われるのも当然でしょう。
　土地を所有されている資産家にとって、土地活用は不可欠なところではありますが、それでも選択肢はいくつもあります。また、全体のバランスや将来を見据えたところでの判断が必要になります。
　高橋さんも田中さんも、プランを練り直して、相続対策に取り組んでいただくようになりました。その結果、相続税を92％減、85％減という形が実現できています。収益も1.73倍、2.63倍と大幅に増やせていますので、大きな不安がなくなったと言ってくださり、さらに継続して賃貸事業や相続対策に取り組んで頂いています。

◆『相続力』は総合力で差がつく

　相続対策は節税対策だけではなく、「感情面」の対策が必要になります。家族でもめてしまうと分割協議ができずに特例などが適用できないため節税できません。家族が円満で情報共有できるようなコミュニケーションを取ることが大前提です。
　その上で「経済面」の対策も必須です。元気なうちに財産の確認をして節税につながるような対策に取り組む必要があります。
　次に「収益力」は重要です。財産を持っているだけでは増えない要素もあるため、活用して収益を上げて維持するバランスが不可欠になります。そしてお客様の決断を含めた「対応力」により、対策を進めていき、相続を乗り切るようにしていくことが大切です。これらの要素を確認してプランを作り、バランスを取っていくのが「相続コンサルタント」の役割です。こうした総合力によって成果が出せるのだと言えます。
　みなさまの相続対策が円満に成功することを祈念するとともに、相続コンサルタントとして私どもがお手伝いできるようになれば幸いです。

　　2019年2月　　（株）夢相続　代表取締役　相続実務士　曽根惠子

【著者紹介】

曽根惠子（そね・けいこ）

株式会社夢相続代表取締役
公認不動産コンサルティングマスター・相続対策専門士

京都府立大学女子短期大学卒。ＰＨＰ研究所勤務後、1987年に不動産コンサルティング会社を創業。土地活用提案、賃貸管理業務を行う中で相続対策事業を開始。2001年に相続対策の専門会社として夢相続を分社。相続実務士の創始者として1万4400件の相続相談に対処。弁護士、税理士、司法書士、不動産鑑定士など相続に関わる専門家と提携し、感情面、経済面、収益面に配慮した「オーダーメード相続」を提案、サポートしている。著書50冊累計38万部、TV・ラジオ102回、新聞・雑誌420回、セミナー500回を数える。近著に『いちばんわかりやすい 相続・贈与の本 '18 〜 '19年版』（成美堂出版）、『増補改訂版 図説 大切な人が亡くなったあとの届け出・手続き』（宝島社）ほか多数。

株式会社夢相続
https://www.yume-souzoku.co.jp

保手浜洋介（ほてはま・ようすけ）

税理士法人アレース代表社員
税理士・公認会計士・行政書士・宅地建物取引士

都市銀行勤務を経て、2005年監査法人トーマツ入社。監査部門で外資系証券、国内金融商品取引法監査に従事。その後、税理士法人トーマツへ出向して国際税務を含む各種大型税務案件に従事。15年税理士法人アレース設立。相続税過払いを1件でも減らすべく尽力。これまで手がけた案件は95%以上の還付に成功するほか、顧客の財産を守る対策の立案・実行にも定評があり、多くの顧客から信頼を得ている。著書に『相続税は過払いが8割』（かんき出版）がある。

税理士法人アレース
https://arestax.com

事例作成　夢相続・相続実務士　水口日慈・山口進・石川英里・大原清丈
ブックデザイン・図表作成　中西啓一（panix）
ＤＴＰ　横内俊彦
校正　米山千草

視覚障害その他の理由で活字のままでこの本を利用出来ない人のために、営利を目的とする場合を除き「録音図書」「点字図書」「拡大図書」等の製作をすることを認めます。その際は著作権者、または、出版社までご連絡ください。

結果に差がつく相続力
相続税を減らすコンサルタント活用術

2019年3月22日　初版発行

著　者　曽根　惠子・保手浜　洋介
発行者　野村直克
発行所　総合法令出版株式会社
　　　　〒103-0001　東京都中央区日本橋小伝馬町15-18
　　　　ユニゾ小伝馬町ビル9階
　　　　電話 03-5623-5121（代）

印刷・製本　中央精版印刷株式会社

落丁・乱丁本はお取替えいたします。
©Keiko Sone　Yosuke Hotehama 2019 Printed in Japan
ISBN 978-4-86280-671-0
総合法令出版ホームページ　http://www.horei.com/